Familia, fe y felicidad

David y Betty Jane Grams

EDITORIAL UNILIT

Publicado por
Editorial **Unilit**
Miami, Fl. E.U.A
Derechos reservados

Primera edición 1985 (Editorial Vida)
Segunda edición 1991

© 1985, por David y Betty Jane Grams
Todos los derechos reservados.

Cubierta diseñada por: Héctor Lozano

Las referencias bíblicas fueron tomadas de la Versión Reina Valera, revisión 1960.© Sociedades Bíblicas Unidas.
Usada con permiso.

Impreso en Colombia

PRODUCTO 498484
ISBN 1-56063-085-X

ÍNDICE

1. El plan de Dios para el matrimonio 7
2. La preparación para el acontecimiento ... 19
3. Cómo edificar el hogar 33
4. Secretos para la felicidad 45
5. Comunicarse sin reservas 61
6. La oración en familia 73
7. Los papeles en el matrimonio 89
8. Inspirando la fe de los hijos 103
9. La paternidad responsable 119
10. Estirando las finanzas 131
11. Suegros amables 147
12. Epocas críticas 159
13. El nido vacío 175

La familia Grams

PRÓLOGO

¿Cuál es la impresión que tengo de mi hogar?
Al pensar en el hogar en que me crié, mi mente se llena de gratitud hacia Dios por haberme permitido el privilegio de crecer al cuidado de los padres que Él me dio. Vi en ellos un constante amor para con nosotros sus hijos: amor que los llevaba a incluirnos en su vida y en su trabajo para el Señor. Aun desde nuestra niñez, nos guiaron a una autoestimación fuerte y segura, permitiendo que los "ayudásemos" en el ministerio, que de esta manera se convirtió en esfuerzo conjunto de toda la familia.

Mis hermanas y yo somos ricos en recuerdos:
• el recuerdo de haber cantado junta toda la familia en las campañas,
• el de los retiros espirituales,
• el del altar cotidiano,
• el de las meriendas campestres de la iglesia, siempre todos juntos,
• el de los tres meses que pasábamos juntos todos los años en el Instituto Bíblico General Pando, en el frío altiplano de Bolivia, donde no había luz eléctrica, ni agua corriente, pero sí aprendimos a apreciar la oración y la presencia del Espíritu Santo.

Nunca nos dieron mis padres ninguna causa para dudar del amor y la fidelidad que ellos se tenían entre sí, ni tampoco de su dedicación hacia nosotros, sus hijos. Muchas decisiones difíciles y costosas se hicieron pensando en nuestro bien como hijos y en el bien de la familia. Nos guiaron en palabra, en ejemplo y en oración hacia una entrega total de nuestra vida al Señor.

Ahora al enseñar y al predicar, pero más que nada, al vivir con mi querida esposa y nuestros hijos, me han guiado las palabras y el ejemplo de su vida. Por ese motivo, expreso un sincero "Gracias, Señor, por haberme permitido nacer en el hogar de David y Betty Jane Grams".

Rocky Grams,
Buenos Aires, Argentina
20 de septiembre de 1982

Capítulo uno

EL PLAN DE DIOS PARA EL MATRIMONIO

"Y serán una sola carne."
(Génesis 2:24)

Miré con más atención la revista de la edición dominical de *El Tiempo*, en Bogotá, porque el titular a vivo color preguntaba: "El matrimonio: ¿una institución obsoleta?" Me puse a leer. El artículo presentaba opiniones sobre las ideas de que las separaciones acaban con la unidad familiar; sobre las mujeres liberadas, y sobre los hijos, como víctimas o beneficiarios.

Hoy abundan las opiniones acerca del matrimonio y el hogar. Son temas de actualidad. Tengo delante de mí, sobre mi escritorio, en este mismo momento, diversas revistas compradas en varios países del continente, que en su misma portada le ofrecen al lector estos temas:

"La crisis de la pareja"
"Las mentiras en el matrimonio"
"Libertad en el matrimonio: ¿Hasta dónde llegar?"
"La familia fracturada"
"¿Me divorcio o no me divorcio?"

8 Familia, fe y felicidad

Son todas opiniones humanas. Como lo son también en la mayoría de los casos los consejos psicológicos y psiquiátricos. El matrimonio y el hogar están en estado de desintegración... y el hombre está tratando de componerlos.

Sin embargo, todos sus esfuerzos no son capaces de detener el aumento de las separaciones y los divorcios, los niños abandonados, la falta de comunicación, la soledad y las frustraciones, porque no se ha comenzado donde se tiene que comenzar: con el autor del matrimonio; con Dios.

La idea del matrimonio nació en la mente de Dios. Al revisar toda la hermosura y perfección de su creación, la declaró "buena". La tierra, los planetas, los árboles, los peces, las flores, los animales... Todo era perfecto. Había creado al hombre a su misma imagen para poner en sus manos toda esta creación, y disfrutar de su compañía.

No obstante, al caminar y conversar con Adán, notó Dios que el hombre se sentía muy solitario. Todos los animales caminaban en parejas. Los había creado macho y hembra. "Pero para Adán no se halló ayuda idónea para él" (Génesis 2:20).

Y Dios dijo: "No es bueno que el hombre esté solo; le haré ayuda idónea para él" (Génesis 2:18). Aquí vemos la necesidad y la razón de ser del matrimonio. El hombre no estaba completo; no se hallaba en condiciones de alcanzar lo máximo de su potencial, sin esa "ayuda idónea". Adán era un ser muy inteligente; se comunicaba directamente con Dios, y aun les había puesto nombre a todos los animales y aves del campo, pero le faltaba algo.

Dios le preparó al hombre lo que satisfacía plenamente su necesidad. A Betty y a mí nos gustan mucho los detalles del relato bíblico de Génesis 2:21 y 22. Dice que Dios hizo caer un

El plan de Dios para el matrimonio 9

sueño profundo sobre Adán. En otras palabras, se valió de alguna forma de anestesia para hacer la primera intervención quirúrgica. Abrió el costado de Adán, y de una de sus costillas, formó su compañera especial.

Una costilla, dicen las Escrituras. Cuando Dios buscó un hueso del cuerpo de Adán, no tomó un hueso de la cabeza, para que la mujer dominara al hombre, ni del pie para que fuera pisoteada por él, sino una costilla, cercana al corazón y situada debajo del brazo, para que fuera amada y protegida por el hombre; para que estuviera a su lado, a la misma altura, como otra persona, tan importante y completa como el hombre mismo.

Me imagino con una sonrisa que, cuando Adán se despertó de aquel sueño profundo, debe haber dicho: "¿Qué veo?" "¡Me agrada!" "Es una criatura especial."

La reconoció como un regalo de Dios íntimamente relacionado con él mismo, y dijo: "Esto es hueso de mis huesos, y carne de mi carne... Será llamada Varona" (Génesis 2:23).

Así celebró Dios el primer matrimonio. Allí los pronunció marido y mujer en ceremonia solemne, y pienso que Adán respondió: "Amén, así sea."

Las Escrituras no nos indican otros detalles de la ceremonia misma, pero sí nos revelan el plan de Dios para todo matrimonio. Allí mismo, en el Edén, sentó las bases principales. A la primera pareja humana le encargó las tres cosas que son imprescindibles para que un matrimonio sea feliz:

"Por tanto, dejará el hombre a su padre y a su madre, y se unirá a su mujer, y serán una sola carne."

Dejar, unirse, convertirse en una sola carne. Sencillo y profundo.

CUATRO VECES EN LA BIBLIA

Es de tanta importancia este plan divino, que el Espíritu Santo se aseguró de que fuese mencionado textualmente tres veces más en el Sagrado Libro. Cuando los fariseos se acercaron a Jesús, tentándole con preguntas sobre el divorcio, les respondió con las mismas palabras de Dios en Génesis 2:24, agregando: "Así que no son ya más dos, sino una sola carne; por tanto, lo que Dios juntó, no lo separe el hombre" (Mateo 19:3-6). Marcos (10:1-9) nos relata el mismo caso, y en Efesios 5:31, Pablo cita las mismas palabras después de haber recomendado a los maridos que amen a su esposa como a su mismo cuerpo.

Nos conviene examinar con más atención estos tres consejos básicos de Dios:

SEPARACION

Para tener un matrimonio según el plan de Dios, el primer paso es *dejar* algo. Uno debe separarse de ciertas relaciones para unirse con la persona escogida. Este es el aspecto legal y público del matrimonio. Así se identifica que sus integrantes son legítimamente esposo y esposa.

¿Se acuerda de los votos nupciales? "¿Quieres prometer delante de Dios y estos testigos... amarla, honrarla, consolarla y conservarla... y renunciando a todas las otras, te conservarás para ella sola mientras los dos viviereis?"

Tanto el hombre como la mujer tienen muchas cosas que dejar: ciertas amistades, las costumbres personales rígidas, la vida de soltero.

No obstante, Dios va más allá con una demanda

sorprendente: "Por tanto, dejará el hombre a su padre y a su madre." ¿Separarse de la misma familia? Así lo dice Dios.

Uno de los problemas más graves que tienen que tratar los consejeros de matrimonios es el de los suegros. La felicidad tiene un precio: formar un hogar propio. A pesar del dolor que causará, es necesario cortar el "cordón umbilical". Las relaciones "niño-papás" ya no pueden ser las mismas. La nueva pareja tiene que formar su propio "nido".

Los suegros son los que sufren más en el cumplimiento de este plan de Dios. Bien me acuerdo del matrimonio de Mona Rae, nuestra hija mayor. La música del órgano indicó que el momento había llegado. El templo estaba lleno de amigos y familiares, y en el altar nos esperaban las damas y los caballeros. Aquella mujer hermosa, radiante, vestida de blanca elegancia y tomada de mi brazo derecho, era mi hija. Juntos caminábamos por el largo pasillo blanco, y delante nos esperaba un joven que apenas habíamos conocido, porque esta ciudad era Minneapolis; Betty y yo habíamos tenido que viajar desde Buenos Aires para estar presentes en la ceremonia. "¿Quién da esta mujer a este hombre?", preguntó el ministro. "Su madre y yo", respondí en la voz más resonante que pude, pero en el corazón tenía lágrimas. "¿Cómo es posible?", me preguntaba para mis adentros mientras veía que mi hija dejaba mi lado para tomar con tanta confianza el brazo de Miguel y subir las gradas del altar.

Tiene que ser posible. Es necesario. Ningún techo es lo suficientemente amplio para dos generaciones. Los casados tienen que formar su propio hogar. Si tuviera un pizarrón a la mano, lo ilustraría así:

CASA/DOS

Comprendo que existen costumbres bien arraigadas, en las que los suegros siguen ejerciendo mucha influencia sobre la nueva pareja. Es cosa decidida, sin posibilidad de discusión, que los recién casados tienen que acomodarse dentro de la casa familiar para comenzar su nueva vida. Si la casa es pequeña, se amplía con anticipación para recibirlos. En poco tiempo comienzan los desacuerdos y las peleas.

A veces pienso que esta experiencia es para los padres como el caso de la gallina que por alguna razón desconocida había empollado huevos de pato. Después de varias semanas de abnegación calentando los huevos en el nido, se rompieron las cáscaras porque salían de adentro unas suaves criaturas amarillas. La gallina llevó a los recién nacidos a pasear, creyendo que eran pollitos con los mismos instintos que ella, pero allí cerca apareció una laguna, y sin que los pudiera detener y proteger de los peligros del agua, los patitos se fueron nadando felices, ¡dejando a la pobre gallina con sus frustraciones!

Duele, pero lo cierto es que se van. No es fácil, cuando estamos haciendo el papel de padres o de suegros. Es difícil, pero tenemos que *dejarlos* formar su propio hogar.

El segundo pilar sobre el cual debe afirmarse todo matrimonio es la condición dada por Dios, de que hay que unirse. Después de dejar, unirse. "Y se unirá a su mujer", dijo el Señor.

Este es el aspecto personal y afectivo del matrimonio. Entiendo que la frase "se unirá" en hebreo, lenguaje en que se escribió el Antiguo Testamento, encierra la idea de "adherirse, pegarse, ser leal".

Los novios son como dos hojas de papel que se

El plan de Dios para el matrimonio 13

juntan cuidadosamente con un pegamento líquido. Se seca el líquido, y las dos hojas no se pueden volver a separar. Si se las trata de desunir, se rompen.

En el pensamiento contemporáneo se insinúa la facilidad de separarse. Hay matrimonios "de prueba": "Si no nos llevamos bien, nos divorciamos." Actualmente, las estadísticas indican que hay varios países del mundo en los cuales, de cada tres matrimonios, uno termina en divorcio. Hay un Enemigo del hogar que anda suelto por el mundo, y decidido a destruir a la familia.

"Lo que Dios juntó, no lo separe el hombre", dijo Jesús. Divorciarse es tan cruelmente doloroso como tomar un serrucho y cortar a cada una de las personas que componen el hogar, incluyendo a los niños, por la mitad, desde la cabeza hasta los pies.

El plan de Dios es que sea algo permanente. El matrimonio es para toda la vida.

Unirse quiere decir amarse. Las dos personas entran en una relación afectiva que se hace cada vez más profunda. El matrimonio es mucho más que entrar en sociedad con otra persona; es una verdadera fusión milagrosa que de los dos hace uno solo. Esto nos lleva a la tercera indicación de Dios.

INTIMIDAD

"Y serán una sola carne." Esto nos hace ver la importancia del aspecto físico del matrimonio. Esta es la parte sexual, la unión física. La sexualidad es una parte importante de la persona completa, y del matrimonio feliz.

La voluntad de Dios es que haya una unión íntima entre los esposos. El nos ha creado con esta capacidad, para cimentar y unir la pareja. El matrimonio es más que una relación espiritual. En Génesis 2:25 se nos dice: "Y estaban ambos desnudos, Adán y su mujer, y no se avergonzaban." En un buen matrimonio existe confianza en todo aspecto. Las personas aprenden a conocerse íntimamente, sin preocupaciones de culpa.

Hay quienes propagan la enseñanza equivocada de que el primer pecado del Edén fue la unión sexual de Adán y Eva. ¡De ninguna manera! Este plan de Dios que estamos examinando fue presentado a la primera pareja humana *antes del pecado*. La intimidad en el matrimonio es idea de Dios.

Existen ciertos problemas para algunos creyentes cuando se trata del aspecto sexual del matrimonio. Algunos creen que la relación física es tan sagrada, que no se puede ni hablar de ella. No se habla, y dentro de ese silencio se van creando amarguras y resentimientos. Otros creen que este acto es tan profano, que se ruborizan y se llenan de verguenza aun al mencionarlo.

En los seminarios que ofrecemos sobre el matrimonio, siempre les sugerimos a las personas que escriban las preguntas o problemas que tengan en papeles y los depositen en una caja especial. Aunque existe un ambiente de confianza dentro de la clase, es lógico que algunas personas prefieran mantener cierto anonimato en cuanto a sus problemas personales. ¡Cuántas sorpresas hemos tenido! Se ve que muchos luchan con la sensación de culpa. Ciertas ideas como "nunca los domingos", o "nunca cuando vayamos a tomar la Santa Cena", son claro indicio de una mentalidad que se imagina que a Dios le desagrada que la pareja se lleve bien en sus relaciones íntimas.

Nada más lejos de la verdad. Las relaciones

íntimas son en realidad una de las tres partes importantes del plan perfecto de Dios.

UN TRIANGULO

"Dejar", "unirse" y "una sola carne" son las tres partes del plan divino, como si fueran los tres ángulos de un triángulo.

```
            DEJARÁ
             /\
            /  \
           /    \
          /      \
SE UNIRÁ /_____\ UNA SOLA CARNE
```

En la construcción, el ingeniero sabe que para obtener el máximo de resistencia en sus puentes o edificios, se tiene que valer de la figura geométrica llamada triángulo. Cuando tres planchas de acero se unen formando sus tres ángulos, pueden resistir enormes presiones procedentes de todas las direcciones, sin romperse.

El mundo moderno ejerce una infinidad de presiones sobre el matrimonio. Las revistas, los libros, la televisión, el colegio; parece que todos estos medios, y muchos más, están dedicados hoy en día a sembrar ideas que forman parte de un plan diabólico de largo alcance, diseñado para destruir la hermosura que Dios se propuso establecer.

Son muchos los adversarios del matrimonio. El enemigo sabe que si puede debilitar la solidaridad del hogar, habrá dado un golpe mortal, tanto a la Iglesia como a la misma nación, porque la familia es la columna vertebral de la sociedad.

El primero de mayo de este año, Betty y yo

celebramos treinta y cuatro años de casados. Nos amamos mucho. Somos buenos amigos. Nos gusta estar juntos. Compartimos ideas y trabajos.

Al escribir esta hoja, estoy sentado junto a mi máquina de escribir, solo en la casa. Betty está predicando en una convención de damas, a tres mil kilómetros de distancia. Sin embargo, anoche hablamos por teléfono y mañana estaré en el aeropuerto con bastantes minutos de anticipación, esperando la llegada del avión. Somos una sola carne.

También en este escritorio, al levantar mis ojos de la máquina, veo las fotografías de los tres hijos que Dios nos obsequió en Sudamérica. Mona Rae, que sirve al Señor juntamente con su esposo Miguel y sus dos hijitas, pastoreando una iglesia en Minnesota. Rocky y Sherry, que el mes pasado cumplieron cuatro años como misioneros en la Argentina. Allí están hoy, dirigiendo el Instituto Bíblico, y con ellos están sus dos hijos. Raquel, nacida en Bolivia, a una altura de tres mil quinientos metros sobre el nivel del mar, y quien conservó la vida por un milagro de intercesión. Hoy se halla con su esposo Esteban, Lisa, su hija mayor y Stephanie Joy, recién nacida, en Dakota del Sur, donde pastorean una iglesia.

"¿Los tres hijos en el ministerio?", nos preguntan muchas veces. Sí, por la gracia de Dios, y porque al formar nuestro hogar, estuvimos de acuerdo en cumplir diariamente el plan de Dios en nuestro matrimonio.

Es necesario vivir el matrimonio. Creo que también aquí se aplica lo dicho por Pablo: "Todo lo que el hombre sembrare, eso también segará" (Gálatas 6:7). Si sembramos semillas de infidelidad, decepción, amargura y odio, segaremos desastres. En cambio, si sembramos amor, bondad, fidelidad, paciencia y comprensión, la cosecha será la felicidad, de generación en generación.

Esta es la promesa de Dios. Sigamos su plan divino.

PARA LA VIDA PRACTICA

1. ¿Qué motivos le impulsaron a casarse?
2. ¿Se han ido cumpliendo todos sus sueños y anhelos?
3. ¿Cuales son las mayores frustraciones por las que pasa actualmente su vida matrimonial? ¿Cómo piensa resolverlas?
4. ¿Por qué tomó Dios una costilla de Adán para formar a Eva?
5. ¿Se siente su esposa segura porque vive protegida por su amor conyugal?
6. Si usted vive en un hogar sin compañero(a), ¿qué consejos les daría a los jóvenes antes de que se casen, para que vivan mejor dentro del matrimonio?

    ¿qué consejos les daría a los que tienen que vivir solos(as), sin compañero(a)?
7. ¿Qué importancia tiene el matrimonio en su vida?

CAPÍTULO DOS

LA PREPARACION PARA EL ACONTECIMIENTO

"Yo soy de mi amado, Y conmigo tiene su contentamiento"

(Cantares 7:10)

Poco después de llegar a la América Latina, un amigo nos presentó a una persona que buscaba trabajo. Nos dijo: — Estoy dispuesto a trabajar "sin compromiso".

Teníamos que aprender el significado de la frase "sin compromiso". Quiere decir sin ningún contrato entre las dos partes, sin obligación ni apelación si uno u otro no está satisfecho. Parece que este es el término que muchos están usando hoy cuando piensan en el matrimonio. SIN COMPROMISO. Si no resulta, la disolución es fácil.

EL NOVIAZGO

Nunca debemos entrar en el noviazgo ligeramente, pensando que es fácil romperlo. Es la oportunidad para pensar, hablar, dialogar, y conocernos mutuamente antes de entrar en el sagrado estado de matrimonio.

Mi esposo David siempre me recuerda que yo le

hice mil preguntas antes de permitirle tomarme de la mano. Es que mi padre siempre me dijo: —Cuidado con quien sales, porque si te enamoras, bien puede llegar a ser tu esposo. — Quería estar segura antes de permitir que las mariposas volaran en mi corazón.

El noviazgo no debe ser un tiempo para tomarse libertades corporales. Más bien debe ser un tiempo para conocerse intelectual, emocional, espiritual y socialmente.

Durante el noviazgo debemos conocernos el uno al otro y llegar a entendernos en cuanto a nuestros anhelos, gustos, deseos y metas de la vida. Es posible que la señorita solamente sepa cómo comprar comida hecha, y no sepa nada de cocina, ni cómo preparar una linda mesa. Todo tendría que comprarse en la tienda, y llega el momento en que se quema hasta el agua al preparar la sopa. Debe aprender muchas cosas de la cocina y cómo llevar un hogar antes de la boda.

Tal vez el joven sea aficionado al fútbol. Está dispuesto a sacrificar algunos juegos mientras sean novios, pero al terminar la ceremonia ya estaría con sus zapatos de fútbol, su camiseta enfangada, sus medias blancas ennegrecidas, y comienza la tarea de quererse mientras se lava toda la ropa sucia.

Los dos tienen que ceder en muchas cosas y aprender cómo vivir juntos. Tienen que tomar acuerdos para poder cantar un dúo, y no dos "solos".

Hemos visto jóvenes que se ríen porque la muchacha tiene algunas mañas, es rebelde, o es frívola, coqueta, o de mal genio. Pero después de casarse, estas características no cambian. Más bien se acentúan y ya no es tan encantadora. El joven tiene que equilibrar sus ideas. ¿Es esta la clase de

La preparación para el acontecimiento

chica que yo quiero para que sea la reina de mi hogar? ¿Puede esta persona ser digna de ser la madre y maestra de mis hijos? Si fuéramos más cuerdos en el noviazgo, sería un tiempo usado para algo más que acariciarnos.

También siempre enseño a las chicas que deben tomar en cuenta qué clase de genio tiene el joven. Si todo no va como él quiere, ¿se enoja fácilmente? ¿Es rápido para la ira? ¿Puede ser cruel? ¿Cómo trata a los gatos y perros? Puede que tenga un carácter tacaño, fuerte o mezquino. Todo esto tendrá gran influencia sobre las relaciones en el matrimonio.

ORAR, ANTES Y DESPUES

De mucha importancia es orar juntos antes de casarse y buscar juntos la voluntad de Dios para sus vidas. Y después de casarse, orar y leer la Palabra de Dios cada día. Es recomendable que los padres empiecen a orar por la persona que compartirá el hogar con sus hijos, desde que estos nacen. Dios puede proteger y preparar a esa persona, aun cuando todavía no sepamos quién es. Dios sí lo sabe, y nuestras oraciones pueden tejer un cerco de cuidado y protección para guardar fiel y pura a esa persona especial.

Es bueno visitar su hogar, para saber en qué clase de hogar fue criada y formada esa persona, porque esto va a influir sobre todas sus decisiones y maneras de ser por toda la vida. Debemos cuidar que el águila no se enamore de la paloma, porque se van a encontrar demasiado diferentes en gustos, caracteres y modales.

Dios quiere ayudarnos en la formación de nuestro hogar. El es el arquitecto de la familia y tiene el bienestar de cada uno cerca de su corazón.

MIENTRAS LOS DOS VIVAN

Estábamos mi esposo y yo mirando un drama en la televisión. En escena, vimos los preparativos para una boda. Dijimos: — ¡Qué bien, ahora parece que vamos a ver que el matrimonio tendrá un lugar de honor y será una enseñanza sana y sagrada, ya que casi siempre por la televisión se rebaja su importancia! ¡Que lindo va a ser esto!

La novia estaba bella en su vestido de encaje blanco, y el joven muy guapo y elegante. Se tomaron de las manos para repetir sus votos: "Yo te tomo, prometiendo recibirte para riqueza, o pobreza, conservarte y honrarte... ¡mientras los dos nos queramos!"

¡Qué sorpresa nos dieron! ¡Qué votos más pasajeros! En lugar de entrar en compromiso mientras los dos vivieran, o hasta que la muerte los separara, era fácil comprometerse sólo hasta cuando dure el amor. Si entramos en el matrimonio con la idea que puede ser transitorio, más que seguro será que vamos a encontrar una puerta de salida.

Se oyen las expresiones "nos enamoramos", "nos queremos", y después de algunos días, "nos desenamoramos" y "no te quiero cuando haces eso". Parece que muchas veces amarse o quererse depende de lo que uno haga, o el trato que reciba. No puede ser así. El amor que sirve como base para el matrimonio, tiene que ser un amor que se comprometa a pesar de todo. No se trata de lo que hagamos, sino de quiénes seamos.

Un joven amigo nos dijo: — Yo ni sabía que tenía estas debilidades tan profundas en mi carácter. Ella ha sacado a luz todo lo malo que hay en mí. — ¿Qué vamos a hacer cuando sentimos salir pensamientos contrarios? Recordar que el compromiso matrimonial es de por vida, hasta que la muerte nos separe, y empezar a reconstruir el amor bello de los primeros días, cuando las mariposas volaban, el corazón latía, y las aves cantaban tan bello.

Nunca debemos dar lugar al enemigo del matrimonio, mencionando la palabra *divorcio*. Satanás en su astucia sabe aprovechar cualquier insinuación negativa. Volvamos a leer lo que son los votos. Tal vez si pensáramos en la seriedad del matrimonio, y que es para toda la vida, antes de escoger los anillos matrimoniales, habría más seriedad y menos fracasos.

Se cuenta de un joven que telefoneó a una señorita declarándole su infinito amor. Su cariño permanecería mientras duraran los montes, los pájaros volaran, y el cielo tuviera nubes. Le prometió que cruzaría el mar por ella. Terminó la conversación diciendo: — Iré a visitarte esta noche... si no llueve.

Es para reírse, pero a veces es así. Después de casarnos, viene un poco de lluvia y nos olvidamos de las promesas que nos hicimos con tan buena fe.

Tenemos que asegurarnos de estar edificando el hogar sobre bases bíblicas. Que los dos sean creyentes de verdad. Felicia nos dijo: — Yo sé que si me caso con Juan, él vendrá a la iglesia conmigo. — Pero el matrimonio no es un anzuelo. Resultó que tres semanas después de la boda tan linda y elegante, Juan se negó a acompañarla a la iglesia y tampoco le permitió a ella asistir. Los dos se perdieron, porque no se habían preparado espiritualmente. La boda no reforma a nadie; la vida matrimonial tampoco. Más bien se acentúan las idiosincrasias individuales.

Miremos aquí los votos matrimoniales para ver su seriedad:

CEREMONIA DE MATRIMONIO
(Una compilación de varias ceremonias)

Amados hermanos: Nos hemos reunido aquí, en la presencia de Dios y de estos testigos, para unir a este hombre y a esta mujer en santo matrimonio: estado honroso, instituido por Dios cuando el hombre era aún inocente, y que nos figura la unión mística que existe entre Cristo y su Iglesia; estado santo que Cristo santificó con su presencia, y por medio de su primer milagro, que hizo en Caná de Galilea; estado que San Pablo también recomienda, diciendo que es digno y de mucho honor entre todos; por tanto,

no debe ser contraído inconsideradamente, sino con reverencia, discreción, peso y cordura, y en el temor de Dios.

En este santo estado vienen a unirse estas dos personas habiendo declarado su amor, y deseando unir sus vidas para la gloria de Dios.

¿Quién entrega a esta mujer para casarse con este hombre? Habéis venido ante mí, como ministro de Cristo, para ser unidos, delante de Dios con los santos lazos del matrimonio. En esto estáis dando un paso serio y solemne, porque os tomáis el uno al otro para bien o mal, para riqueza o pobreza, para gozo o tristeza, para salud o enfermedad,

en todo lo que la vida da y en todo lo que quita, y seréis el uno al otro fieles y verdaderos como marido y mujer, compañeros hasta que la muerte os separe.

¡Oíd, pues, la Palabra de Dios escrita para vuestra instrucción, para alumbrar vuestro camino!

"Maridos, amad a vuestras mujeres, así como Cristo amó a la iglesia, y se entregó a sí mismo por ella, para santificarla. Así también los maridos deben

La preparación para el acontecimiento 25

amar a sus mujeres, como a sus mismos cuerpos. El que ama a su mujer, a sí mismo se ama... Por esta razón el hombre dejará a su padre y a su madre y se unirá a su mujer; y los dos serán una sola carne.

"Vosotros, maridos, habitad con ellas consideradamente, puesto que la mujer es vaso más frágil, honrándolas como a coherederas de la gracia de la vida, para que vuestras oraciones no tengan impedimento."

Asimismo, oíd lo que dicen las Sagradas Escrituras a las esposas:

"Las casadas, estén sujetas a sus propios maridos como al Señor, porque el marido es cabeza de la mujer, así como Cristo es cabeza de la iglesia; y Él es el que da salud al cuerpo. Así que, como la iglesia está sujeta a Cristo, así también, las casadas lo estén a sus maridos en todo.

"Por tanto, que el marido ame a su propia mujer como a sí mismo, y la mujer mire que tenga en reverencia a su marido."

Después vienen los votos

¿Tomarás a esta(e) *mujer (hombre)* como tu legítima(o) esposa(o) para vivir juntos, según lo ordenado por Dios, en el santo estado del matrimonio?

¿La(o) amarás, consolarás y honrarás?

¿La(o) cuidarás en enfermedad y en salud, y rechazando a todas(os) las(los) demás te guardarás para ella(él) mientras los dos vivieren?

"Sí"

"Yo, _____, te acepto, _____, como mi esposa(o), a quien tomaré y sostendré como tal, desde hoy y para siempre, para bien o para mal; en escasez o en abundancia, en tiempo de salud o enfermedad, para amarte y protegerte, hasta que la muerte nos separe — según el sagrado mandato de Dios — para lo cual te empeño mi fe."

Entrega de anillos

"Con este anillo, te desposo, uniendo contigo mi corazón y mi vida, y te hago partícipe de todos mis bienes." Que estos anillos sean el símbolo puro e inmutable de vuestro amor que no tiene fin.

Os presento a los flamantes esposos _____. Lo que Dios ha unido ningún hombre separe."

Al leer esta ceremonia, vemos la importancia del compromiso sagrado que hacemos al tomar los votos del matrimonio.

LOS ULTIMOS DIAS

A pesar de los libros y artículos de revistas acerca del hogar y el matrimonio, en estos días se ven más divorcios, más hogares divididos, más corazones angustiados. Se cumple lo que nos dice 2 Timoteo 3:1-5: "En los postreros días vendrán tiempos peligrosos. Porque habrá hombres amadores de sí mismos, avaros, vanagloriosos, soberbios, blasfemos, desobedientes a los padres, ingratos, impíos, sin afecto natural, implacables, calumniadores, intemperantes, crueles, aborrecedores de lo bueno, traidores, impetuosos, infatuados, amadores de los deleites más que de Dios, que tendrán apariencia de piedad, pero negarán la eficacia de ella; a estos evita."

A la misma fuerza del enemigo, príncipe de este mundo, se debe que hoy arrecie el ataque contra el hogar y el matrimonio. Es hora de prepararnos para hacer frente a sus astucias. Sea nuestro amor más que una emoción pasajera. Vemos hasta pastores rompiendo sus votos matrimoniales. Comprendamos lo importante que es el compromiso que hacemos al decir nuestros votos en el altar.

¿A QUE EDAD NOS CASAMOS?

Algunos piensan que cuando salen de la secundaria ya son hombres y mujeres, listos para casarse. Otros dicen a los 28 años, mientras algunos dicen: "Vamos a casarnos y así seremos maduros y responsables." No hay edad que dicte que uno esté listo para tomar la decisión de casarse. Las costumbres varían, pero lo cierto es que debemos tener cierto grado de madurez para casarnos.

Dos personas enamoradas forman una unión en amor, y un matrimonio debe ser un lazo que va creciendo y reforzándose. La televisión, las revistas, los periódicos, insisten todos en el romance y la emoción, pero para ser duradero, al amor se tiene que añadir el compromiso.

Se requieren trabajo y empeño para mantener vivo el amor y hacer que el matrimonio sea firme. Es necesario leer la Palabra de Dios juntos, orar, dar y recibir, compartir y querer. Unos vecinos nuestros se divorciaron y se volvieron a casar dos veces. Decían que no podían vivir juntos, ni tampoco separados. Lo último que hicieron fue casarse de nuevo por tercera vez. ¡Que Dios les ayude! El matrimonio es más que la ceremonia nupcial; es una entrega total todos los días. Es vivir y compartir.

Había cierto joven que estaba enamorado de dos señoritas. El sabía que tenía que tomar su decisión y casarse. Como era evangelista ambulante, vio que una tenía una linda voz para cantar, a pesar de tener una cara muy ordinaria, mientras que la otra chica era muy bonita. Decidió casarse con la cantante, pensando en esa gran ayuda para su ministerio. Al verla en la mesa del desayuno la mañana después de la boda, se dio cuenta de que con esa cara tendría que enfrentarse todos los días. El dijo: "¡Canta, hija, canta!"

ESCRITURAS PARA NUESTRO CAMINO
DE SOLTEROS

Proverbios 18:22 — "El que halla esposa halla el bien."

1 Timoteo 4:12-16 — "Ninguno tenga en poco tu juventud, sino sé ejemplo en palabra, conducta, amor, espíritu, fe y pureza."

1 Timoteo 5:22 — "Consérvate puro."

Salmo 119:9 — ¿Con qué limpiará el joven su camino? Con guardar tu palabra."

BUEN ENCUENTRO

Me gusta mucho la romántica historia de Rebeca en Génesis 24. Eliezer salió en busca de una novia para Isaac y encontró a Rebeca al lado de un pozo. El había orado por un "buen encuentro" en el camino. Cuando vio a Rebeca, vio que era muy bella. El había orado para que no fuera una muchacha perezosa sino servicial. Cuando Rebeca ofreció darle algo de tomar para él, y también para sus camellos sedientos, Eliezer alabó a Dios por haber prosperado su camino al hallar las virtudes que buscaba.

Para Rebeca el compromiso era serio. Tenía que dejar su familia y hogar, decir adiós a sus padres y salir dejando todo lo que era conocido e importante. Le costó viajar a un país distante y dar su vida a un hombre que jamás había visto.

¿Cómo podría saber si amaría a aquel hombre? ¿Cómo podría salir tan pronto, dejando a su familia? ¿Cómo podría tomar esta decisión?

Dios le ayudó a Rebeca. Parece que puso en su corazón un amor. Después de largos días de viaje, al ver a Isaac andando en el camino, ella bajó de su camello, preguntando a Eliezer: — ¿Quién es ese hombre que se ve a lo lejos? — Le llamó la atención. Parece que Dios le había puesto este amor. La

La preparación para el acontecimiento **29**

palabra dice que Isaac la llevó dentro de la tienda de su madre y la amó.

$$1 + 1 = 1$$

En esta historia nos damos cuenta que el amor tiene que ver con la voluntad. No es solamente compartir la intimidad física, aunque esta sea una parte de la expresión del amor. Es compartir los pensamientos, los sentimientos, las aspiraciones, y los anhelos. El amor se basa en comprometernos a amar, compartir, dialogar; a encontrar maneras de descubrir lo mejor en nuestro compañero. Esto es amar. Hacerse más completos el uno al otro. La aritmética del matrimonio es $1 + 1 = 1$.

DIEZ MANDAMIENTOS
PARA ESPOSOS Y ESPOSAS

EL

1. Proveerás todo lo necesario para la vida y bienestar de tu familia.
2. Acuérdate de tus responsabilidades en casa.
3. Acuérdate que la familia que juega junta, permanece junta; comparte horas de recreo con tu esposa y tu familia.
4. Tomarás en cuenta a tu esposa al hacer tus planes, recordando que ella es tu compañera, no tu esclava.
5. Entra en tu casa con un espíritu alegre y agradecido, evitando en lo posible la queja y la crítica.
6. No menospreciarás a tu esposa delante de tus amigos y familiares; tampoco permitirás que nadie critique a tu esposa en tu presencia.
7. No tomarás en poco a tu esposa, sino cultiva su amor con los mismos actos que te hicieron ganarla al principio.

8. No tendrás a ninguna otra persona por encima de tu esposa.
9. Vivirás una vida de pureza moral
10. Darás a Dios el primer lugar en tu corazón y en tu hogar.

ELLA

1. No te quejarás.
2. No gastarás el dinero provisto por tu esposo en cosas innecesarias.
3. Guardarás tu lengua con toda diligencia, no permitiéndole que se suelte en chismes.
4. No compararás a tu esposo con otros hombres, especialmente aquellos con los que piensas que te podrías haber casado.
5. No serás la jefa de tu casa.
6. Evitarás todo espíritu de celos.
7. Ayudarás a tu esposo, haciendo las cosas pequeñas que tanto le agradan.
8. Mantendrás con toda diligencia tu aseo personal y el del hogar, y guardarás así el amor y la estima de tu esposo.
9. Cuidarás tu virtud como lo más valioso de toda tu vida.
10. Tendrás y mantendrás una experiencia genuina y personal con tu Dios.

LLEVARTE AL ALTAR NO CUESTA NADA

No eres bella, pero tu gracia me encanta;
no eres santa, pero eres buena.
Tu voz es dulce y sonora,
que cautiva entera mi alma.
Con todos eres risueña,
y eso me enfada;
tu risa quiero llevarla
conmigo en mi existencia.

La preparación para el acontecimiento 31

Que llevarte al altar
no me cuesta nada,
antes debes despertar de lo que sueñas
saber que después del altar
no todo es felicidad.
Se ríe y se llora
se goza y siempre es fatal
mas es amarga, pero no eterna.

Debes saber antes que seas esposa
que todas esas cosas
son naturales en la vida.
Besarte y arrullarte será mi dicha
para calmar la tormenta de la desdicha.

Por eso, cuando vayamos juntos por el mundo,
te pediré perdón por los celos fugaces que siente
mi corazón.
Te pido que tengas en mente
cuando en nuestro momento feliz pasajero pienses
y presientas
que con otro feliz hubieses sido
y para que tu mente no produzca falsa ilusión,
sabe que tu eres el cimiento y yo el sostén.

(anónimo)

PARA LA VIDA PRACTICA

1. ¿Qué importancia tiene el noviazgo?
2. ¿Cómo pueden los novios llegar a conocerse bien sin tomarse libertades corporales?
3. Si no hay jóvenes del sexo opuesto en nuestra iglesia, ¿cómo y dónde debemos de buscar compañero?
4. ¿Qué significa 2 Corintios 6:14 para el noviazgo?
   "No os unáis en yugo desigual con los incrédulos".

5. ¿Por qué no puede ser exitoso el matrimonio mixto entre un creyente y un inconverso?
6. ¿Cuál es el camino que le espera a una creyente si se casa con un incrédulo?
7. Algunos piensan que el matrimonio ofrece un escape a los problemas personales. ¿Cuál es su opinión personal?
8. ¿Cómo puede uno determinar si tiene la madurez suficiente para casarse?
9. ¿Cuánta importancia debe darse a la familia y al nivel social al contemplar la posibilidad de matrimonio?
10. ¿Qué importancia tiene compartir los mismos intereses para tener un matrimonio feliz?

CAPÍTULO TRES

COMO EDIFICAR EL HOGAR

"Yo y mi casa serviremos a Jehová"
(Josué 24:15

Eran como las nueve de la noche del domingo. El culto había terminado con la bendición en aquella capital de un país sudamericano. El joven pastor, alumno mío en el seminario de superación, nos presentó a su esposa. Con un rostro muy alegre, le dijo a Betty: — Queremos que pasen a nuestra casa para tomar té.

Con todo gusto pasamos los cuatro a una pequeña edificación a unos pasos de la parte posterior del templo.

— Pasen, hermanos. Este es nuestro primer hogar — dijo la pareja de recién casados al unísono.

Era de una sola habitación, dividida con una cortina. Con un solo vistazo se veían dormitorio, cocina y sala de estar. Los muebles de mimbre en que nos sentamos mostraban muchos años de uso. Las paredes estaban empapeladas con periódicos y los huecos enormes del piso nivelados con viejas alfombras dobladas. Pero la pareja... radiante de alegría y amor.

Su primer hogar, y lo compartieron generosamente con nuestras inmerecedoras personas. Nos sirvieron pan fresco con una mermelada de naranja agria, mientras nos decían que la habían hecho juntos. Nos parecía un pedazo del cielo.

Hogar es más que casa. Hogar es familia, y en medio de grandes necesidades materiales, esa pareja joven estaba formando un lindo hogar.

Los esposos deben edificar el hogar juntos, entre ambos. Notemos la sabiduría expresada en Proverbios 14:1: "La mujer sabia edifica su casa, mas la necia con sus manos la derriba." A veces la necia derriba lo que su esposo edifica con sacrificio. Y al revés, también lo puede hacer el necio. Es hermoso ver a dos personas formar hogar... amándose, cooperando y ayudándose mutuamente.

El establecimiento del hogar constituyó la primera institución en el plan de Dios para la humanidad. Antes de la leyes civiles y el gobierno humano fue instituido el hogar. Hasta el día de hoy, el hogar representa la columna vertebral de la sociedad y de la nación. Cuando el hogar se desintegra, no hay cohesión en la nación ni en el mundo. Es eso lo que enfrentamos en la actualidad.

Pero antes, pensemos en el primer hogar en el Edén. Se estableció antes del pecado. Al nacer los primeros hijos, Satanás se metió en esa pequeña familia, produciendo desastres. Allí se cometió el primer asesinato.

Desde aquellos momentos lamentables, hasta la época del diluvio, vemos en la historia sagrada cómo el hogar y la humanidad entera se desmoronaban y finalmente fueron destruidos por el juicio divino.

Más tarde, Dios hizo resaltar la importancia del hogar en las familias de Abraham, Isaac y Jacob.

Cuando los descendientes de Jacob (Israel) salieron de Egipto, Dios los detuvo durante un año frente al monte Sinaí. Para evitar la desintegración del hogar y de la nueva nación en formación, Dios esculpió en tablas de piedras los diez mandamientos. Veamos en nuestra Biblia, en el capítulo 20 del Exodo, cuáles de los diez tienen que ver con el hogar:

EL DECALOGO

4º "Acuérdate del día de reposo para santificarlo." (v. 8)

De primera importancia es unirse como familia en la casa de Dios en el día del Señor. Es mi convicción también que una vez por semana se debe programar tiempo de descanso y recreación junto con la familia. No tiene que ser el domingo. En nuestro caso, siendo pastores, lo hacíamos los viernes por la tarde.

5º "Honra a tu padre y a tu madre." (v. 12)

¡Cuánto agrada a Dios el respeto mutuo en la familia!

7º "No cometerás adulterio." (v. 14)

El adulterio deshace el matrimonio y destruye el hogar.

10º "No codiciarás... la mujer de tu prójimo." (v. 17)

Así vemos la importancia que Dios le dio al hogar y los pasos que tomó para protegerlo. Hay cuatro de los diez mandamientos que salvaguardan al hogar en forma muy directa. Aún más; sin irse muy lejos con la imaginación, se puede ver la relación entre "No hurtarás" y "No hablarás falso testimonio", y la felicidad del hogar. Uno de mis alumnos me hizo notar en un retiro que el mismo primer mandamiento puede o debe aplicarse también al hogar, comentando que algunos hombres hacen de su esposa una diosa, y hay padres que casi adoran a los hijos.

En todo el mundo, aun entre las sociedades más primitivas, existen partes del decálogo en formas escritas o verbales.

PRIMERO, LOS CIMIENTOS

Oímos decir: "Lo importante es tener techo." Lo cierto es que, sin un buen cimiento, el techo se cae.

En la edificación del hogar, se tiene que comenzar con los cimientos. En el capítulo 7 de Mateo, Cristo habla de dos constructores. El insensato edificó su casa sobre la arena, pero el sabio cavó la tierra hasta encontrar roca firme, y esa casa permaneció.

Para echar cimientos firmes, tenemos que tomar en cuenta estas verdades:

1. Estar dispuestos a invertir esfuerzo. El matrimonio tiene una potencialidad enorme de desarrollo y crecimiento, pero cuesta trabajo. La "tierra" de las relaciones entre dos personas tiene que "cavarse" profundamente para llegar a los acuerdos firmes que sirven de fundamento durante toda la vida.

2. Tomar la Biblia como manual del hogar. Eso quiere decir oírla y obedecerla todos los días. Cristo dijo: "Cualquiera, pues, que *oye* estas palabras, y las *hace*, edificará sobre una roca firme."

En esta clase de hogar nací yo. Nunca será borrado de mi memoria el recuerdo de los años de mi niñez, con la Biblia grande en idioma alemán que mi padre leía en voz alta dos veces al día. Mis padres inmigraron a los Estados Unidos desde Alemania alrededor del año 1908. Primero viajó papá, porque no había dinero sino para un solo

Cómo edificar el hogar 37

pasaje. Gottlieb se despidió de su esposa y sus dos hijos pequeños con optimismo, pensando que en América encontraría trabajo y dinero en abundancia, y podría enviar muy pronto los pasajes de barco para los tres.

Se enfermó gravemente en el barco durante una tormenta en el Atlántico e hizo el voto de comprar velas para la iglesia si Dios le permitía llegar a tierra firme.

No se imaginaba la soledad que le esperaba en un país donde no podía hablar ni cinco palabras en inglés, donde nadie lo conocía y donde no iba a poder encontrar trabajo.

Sin embargo, había venido para comenzar una vida nueva, no sólo en sentido económico, sino también espiritual. Durante el primer crudo invierno pasó los meses cortando árboles en los bosques de Wisconsin, cerca de la frontera con el Canadá... ¡a dólar por día! El termómetro registraba 25° centígrados bajo cero, y el suelo tenía un metro de blanca nieve. Para ganar algunos centavos más, remendaba los pantalones rotos de sus compañeros de trabajo los domingos por la tarde, mientras ellos se divertían con naipes y cervezas. De esta manera pudo traer a su lado a su pequeña familia al terminar el año.

Compró velas para el altar del templo luterano que encontró a quince kilómetros, pero cuando le expresó sus inquietudes espirituales al pastor, solo recibió respuestas superficiales: — Grams — le dijo el pastor —, deje esas preguntas profundas para los pastores.

Pero su hambre espiritual iba en aumento. Compró una Biblia, y con sólo la Palabra de Dios y la dirección del Espíritu Santo, encontró la salvación y recibió a Cristo. A su esposa le preguntó si también aceptaba, y luego con firmeza declaró: — "Desde hoy... yo y mi casa serviremos a Jehová" (Josué 24:15).

Dios honró esa decisión y firmeza. A esa familia le nacieron diez hijos además de los dos primeros. Nueve hijos y tres hijas en total, y el duodécimo de todos soy yo. De los nueve hijos, seis son ministros del Evangelio, y de las tres hijas, dos se casaron con pastores.

Cuando mi padre murió a los 85 años de edad, la familia había crecido en número hasta las cien personas... hijos, hijas, yernos, nueras, nietos, bisnietos... hasta cuatro generaciones — ¡todos creyentes en Cristo Jesús, y varios de los nietos, pastores y misioneros!

Como familia, habíamos pasado la gran depresión económica de la década de los treinta, e innumerables problemas en las décadas que siguieron. Cuando papá murió, no nos dejó cinco centavos en cuanto a herencia material, pero sí una incalculable herencia de valores espirituales. Doy testimonio de que ese hombre supo cavar profundamente los cimientos para la permanencia de su hogar, y abrazó rigurosamente la Biblia como manual de la familia.

3. Colocar estas "piedras fundamentales" en el cimiento del hogar:

a. *Amor sincero.* El hecho de compartir la misma casa no nos transforma en una pareja cariñosa. Tampoco se hace por magia o con una química secreta. Pablo define qué clase de amor tiene que reinar en el hogar:

"El amor es sufrido, es benigno; el amor no tiene envidia, el amor no es jactancioso, no se envanece; no hace nada indebido, no busca lo

suyo, no se irrita, no guarda rencor; no se goza
de la injusticia, mas se goza de la verdad.
Todo lo sufre, todo lo cree, todo lo espera,
todo lo soporta."

(1 Corintios 13:4-7)

b. *Fidelidad*. El capítulo 31 de Proverbios habla de la mujer virtuosa. Las palabras del versículo 11 son las más hermosas de todo el capítulo, porque dicen: "El corazón de su marido está en ella confiado." Es una confianza llena de bendición la que existe en el matrimonio cuando hay fidelidad.

Durante los últimos quince años de nuestro matrimonio, mis responsabilidades como profesor en un seminario ambulante para la superación de ministros de los veinticuatro países del hemisferio han demandado viajes constantes de mi parte. Durante los últimos veintiún meses, he estado fuera de casa durante doscientos dieciocho días... casi siempre solo, sin mi esposa. He vivido en todas las ciudades importantes del continente.

¿Cómo lo pasaría yo, me pregunto, si todos los días y todas las noches tuviera que preocuparme por la fidelidad de mi esposa? ¡Cuántas intranquilidades transformarían en un infierno mi pobre alma! ¿Qué estará haciendo Betty ahora?", me preguntaría.

Puedo contestar sin reservas la pregunta del versículo 10 con decir: "Si, gracias a Dios, he hallado a una mujer virtuosa." Pero este es un camino de dos vías. ¿Cómo lo pasaría Betty si no tuviera también confianza en su esposo? No existen dos normas para el matrimonio, una para la mujer y otra para el hombre. Esa confianza tiene que ser mutua, y la base de esa confianza es la invariable fidelidad de ambos.

c. *Lealtad.* Esta piedra del cimiento tiene que ver con la honradez necesaria entre esposos, que se manifiesta en un respeto absoluto. Es aún más intensa que el patriotismo ardiente que el ciudadano siente cuando se alza la bandera de su nación en un día de fiesta patriótica.

Los mismos integrantes de la familia son los que la tienen que proteger. Los secretos del hogar no deben ser revelados a terceras personas. Las intimidades entre esposos nunca deben ser motivo de comentarios entre hombres, aunque a veces se escuche esto, con las cortantes risas que lo acompañan. Tampoco entre mujeres se debe permitir el lujo de comentar las relaciones íntimas. Esto es especialmente importante si el esposo no es creyente. Uno de los primeros pasos para ganarlo, es ser leal al matrimonio.

Cuando se respetan las confidencias del círculo íntimo de la familia, el hogar puede defenderse contra viento y marea. "Guardaos, pues, en vuestro espíritu, y no seáis desleales", es la exhortación de nuestro Dios (Malaquías 2:16).

d. *Respeto mutuo.* El apóstol Pedro comenta sobre esta actitud básica del cimiento hogareño al decir: "Vosotros, maridos, igualmente vivid con ellas sabiamente, dando honor a la mujer como a vaso más frágil, y como a coherederas de la gracia de la vida, para que vuestras oraciones no tengan estorbo" (1 Pedro 3:7).

Esta indicación para los hombres, la escribió después de recordar a las mujeres el alto respeto que Sara demostró hacia Abraham.

Si la mujer tiene un ministerio dado por el Señor, quizá maestra de la Escuela Dominical o consejera de algún grupo, el hombre debe respetar ese ministerio y el tiempo que tiene que invertir en su desarrollo. Si el hombre es diácono o pastor, la mujer tiene que respetar el horario que ese ministerio demanda de él. Con eso no quiero decir que el hombre pueda esconderse detrás de un "Dios es primero" para colocar en lugar de última importancia el tiempo especial que debe pasar con su esposa. Puede que, si ambos tienen ministerio público, se tengan que ayudar mutuamente en las tareas del hogar, y aun en el cuidado de los hijos.

Cuando existe un alto grado de respeto entre los padres, los hijos lo aprenden fácilmente, y todo el mundo comenta lo "muy bien educados" que se portan. Cuando mi esposa enseñaba en el Instituto Bíblico, siendo aún pequeños nuestros hijos, yo trataba de estar en casa para cuidarlos mientras ella estaba fuera. Cuando se pierde el respeto, está perdido el "cemento" que mantiene unido el hogar.

4. *Sinceridad.* En su oración de arrepentimiento, el salmista exclamó: "He aquí, tú amas la verdad en lo íntimo" (Salmo 51:6). David había aprendido la muy costosa lección del alto precio que se paga por el engaño.

Sinceridad quiere decir sencillez. Ser lo que realmente somos, sin máscaras.

El comentario que más hemos escuchado en los campamentos juveniles, de labios de los jóvenes alejados del Señor, ha sido: "Mis padres no vivían en el hogar lo que profesaban en la iglesia. Son hipócritas." ¡Esa alma joven buscó sinceridad, y no la halló!

La vida insincera se llena de complicaciones y enredos. El hogar sin sinceridad es un drama en que todo actor cambia de máscara según la demanda del momento.

Otro aspecto sumamente importante para la edificación del hogar, es el de

DEFINIR VALORES

para la vida y el hogar. Cuando los novios comienzan a hablar en serio sobre el matrimonio, deben de aclarar sus posiciones en cuanto a los valores importantes en la vida. Llevar a la señorita al altar no cuesta nada... pero edificar el hogar para los años que siguen al altar, cuesta todo el empeño que los dos pueden invertir. Estoy convencido de que aquí el hombre es el más responsable, y debe tomar la iniciativa.

La pregunta básica sobre valores viene a ser: ¿Qué es lo de más importancia en nuestro hogar?" "¿Sobre qué conversamos, de qué nos preocupamos, para qué nos sacrificamos?"

Es fácil separar los valores en dos categorías:
1. Cosas
2. Personas

La primera categoría se refiere a lo material, al dinero, y lo que con el dinero se consigue. Es fácil determinar los valores básicos de un hogar al visitarlo. Sólo se tiene que escuchar la conversación de los miembros de la familia. Jesús dijo: "De la abundancia del corazón habla la boca."

Si nuestro corazón está puesto en los valores materiales de esta vida pasajera, nuestra conversación girará constantemente en torno a un sinfín de comentarios sobre la ropa, la comida, los precios elevados, el estado lamentable de la economía. Las *cosas*... y nuestro amor hacia ellas. El tener o el no tener. En ese hogar los hijos fácilmente se dan cuenta. La madre se enoja y se amarga por un florero que se rompe. El padre también, si ella le da un golpe al auto cuando lo saca del garaje, el lío se arma, y los días de malestar lo siguen.

Hay que tener una perspectiva correcta de los valores temporales. ¿Qué valor permanente tienen

Cómo edificar el hogar 43

las horas gastadas frente al televisor? La venida de Cristo se aproxima. En un instante, *todas las cosas* materiales desaparecerán. Pedro lo describe gráficamente en su segunda epístola (2 Pedro 3:11, 12):

> "Puesto que todas estas cosas han de ser deshechas, ¡cómo no debéis vosotros andar en santa y piadosa manera de vivir, esperando y apresurándoos para la venida del día de Dios, en el cual los cielos, encendiéndose, serán deshechos, y los elementos, siendo quemados, se fundirán!"

Todo deshecho, en un instante... casas, muebles, ropa, televisores, automóviles... y todos los corazones, desnudos ante la eternidad.

Debemos preguntarnos: "¿A qué se le da la primera importancia en mi hogar?" Espero que el primero sea CRISTO, como centro y eje, como dueño y Señor. Después de El, LAS PERSONAS que allí habitan. El alma vivirá eternamente. Con esas personas que Dios ha puesto a nuestro cuidado, tenemos que invertir no sólo dinero, sino también tiempo.

Los valores que establezcamos en el hogar afectarán nuestras actividades, decisiones y, en fin, toda la vida. Si lo espiritual predomina en el hogar, se vivirá todos los días a la luz de la eternidad, "aguardando la esperanza bienaventurada y la manifestación gloriosa de nuestro gran Dios y Salvador Jesucristo" (Tito 2:13).

PARA LA VIDA PRACTICA

1. ¿Qué es de más importancia al comenzar un hogar? ¿casa? ¿muebles? ¿amor? ¿dinero?
2. ¿Es suficiente el amor entre dos personas para fundar un hogar? ¿por qué? ¿qué otros factores son indispensables?

44 Familia, fe y felicidad

3. Al pensar en su hogar, ¿qué recuerdos le sostienen en momentos difíciles?
4. ¿En qué se invierte más tiempo en su hogar?
5. ¿Cuáles son los temas de conversación en la mesa?
6. Si hubiera un incendio y usted tuviera oportunidad de rescatar sólo cuatro cosas de su hogar, ¿qué cosas preferiría salvar?
7. ¿Qué es más fácil en un hogar: edificar, o destruir?

Capítulo cuatro

SECRETOS PARA LA FELICIDAD

"Que enseñen a las mujeres jóvenes."
(Tito 2:4)

Durante nuestros años de ministerio en Bolivia, pasábamos varios meses cada año en un pueblo muy primitivo, lejos de la ciudad de La Paz, en las montañas andinas donde teníamos un Instituto Bíblico. Llevábamos a nuestros hijos con nosotros en un camión grande y nos instalábamos en unas habitaciones rústicas. Al principio eran despintadas y con techo de paja.

La época era de pleno invierno y a una altura de 3.500 metros sobre el nivel del mar. Hacía mucho frío. Se nos endurecían las manos, se nos resecaban los labios y las fosas nasales se nos herían con el frío constante. Cada noche, nuestro aliento hacía una escarcha en las frazadas. ¡Qué frío hacía en las mañanas al levantarnos temprano para preparar el desayuno!

Para ir al aula, teníamos que abrigarnos con ropa de lana y unos sobretodos enormes y largos. ¡Todavía puedo sentir el frío en los pies al pensar en los pisos de barro o ladrillo de aquellas aulas sin calefacción y con la temperatura bajo los cero grados!

Unos amigos que nos visitaban, nos preguntaron:
— ¿Cómo pueden sobrevivir en este lugar, y por qué lo hacen? ¿Y en pleno invierno?

Respondimos que no habíamos edificado el Instituto en el campo, pensando en los maestros. Era para los hermanos del campo, que vivían y asistían a las iglesias de toda aquella zona del altiplano, y en los meses del invierno podían ausentarse de sus casas, campos y trabajos.

— ¿Y cómo pueden hacerlo?

Porque en el corazón teníamos contentamiento, sabiendo que estábamos haciéndolo para el Señor. ¿Y los hijos? Ellos también aguantaban todo el frío y las inconveniencias, porque estábamos ministrando juntos. Los recuerdos de cuando tomábamos el camión en el frío y empacábamos sábanas, frazadas, toallas, ropa gruesa y víveres para hacer nuestro hogar en el campo cada año, son recuerdos preciosos, porque lo hacíamos juntos como familia.

Una de las razones por las que los hogares de hoy están en peligro de deshacerse, es que las madres y los padres no se han tomado el tiempo suficiente para enseñar responsabilidades a sus hijos. Más bien, muchos han querido proteger a los hijos de la realidad. La Palabra de Dios nos da todo un capítulo, Tito 2, donde se delinean sabias enseñanzas para el hogar. Vamos a escudriñar las enseñanzas de este capítulo:

ENSEÑANZAS PARA EL HOGAR
Tito 2:1-12

"Que los ancianos sean sobrios, serios, prudentes, sanos en la fe, en el amor, en la paciencia.

Secretos para la felicidad 47

Las ancianas asimismo sean reverentes en su porte; no calumniadoras, no esclavas del vino, maestras del bien:

Que enseñen a las mujeres jóvenes a amar a sus maridos y a sus hijos, a ser prudentes, castas, cuidadosas de su casa, buenas, sujetas a sus maridos, para que la palabra de Dios no sea blasfemada.

Exhorta asimismo a los jóvenes a que sean prudentes; presentándote tú en todo como ejemplo de buenas obras; en la enseñanza mostrando integridad, seriedad, palabra sana e irreprochable, de modo que el adversario se avergüence, y no tenga nada malo que decir de vosotros.

Exhorta a los siervos a que se sujeten a sus amos, que agraden en todo, que no sean respondones; no defraudando, sino mostrándose fieles en todo, para que en todo adornen la doctrina de Dios nuestro Salvador.

(Torres Amat dice: "que su conducta los haga respetar por todo el mundo".)

Porque la gracia de Dios se ha manifestado para salvación a todos los hombres, enseñándonos que renunciando a la impiedad y a los deseos mundanos, vivamos en este siglo sobria, justa y piadosamente.

Primeramente, consta que ambos padres tienen que ser prudentes, sanos en la fe y llenos de sabiduría para vivir todo lo que indica esta porción de la Palabra. Somos transparentes en el hogar. Además, el texto sagrado emplea varios verbos que demuestran que se tiene que enseñar en todo momento en el hogar. Hay un refrán que dice: "Haz lo que yo digo y no lo que yo hago." Sin embargo, esa no es la enseñanza de este texto bíblico.

VEAMOS LOS VERBOS

Que *sean* sobrios, serios, prudentes los hombres, que den un buen ejemplo. Que *enseñen* a las mujeres jovenes las mujeres maduras. Que sean maestras del bien... (dice Torres Amat: "que den buenas instrucciones") exhortando, presentándose, mostrándose fieles, enseñando. Me gustan mucho los verbos en la Palabra, porque los verbos indican acción. Para que podamos ver a nuestros jóvenes con unos hogares firmes, tendremos primero que darles el ejemplo. "Lo que tu haces me habla tan fuerte, que no oigo lo que dices." Enseñamos más con nuestra manera de ser, que con las muchas palabras. Tanto los hombres como las mujeres tienen que dar el ejemplo.

El capítulo también menciona que deben ser prudentes, serias y reverentes en su conducta, para que en todo adornen la enseñanza de Dios nuestro Salvador. La versión Torres Amat dice: "modestas en su manera de ser". En un seminario con mujeres, algunas esposas jóvenes me dijeron que no es raro que las mujeres de más edad hablen con ligereza de las cosas sexuales, usando palabras groseras, bajas y crudas. Aquellas esposas jóvenes se sentían lastimadas y defraudadas.

¿QUE VAMOS A ENSEÑAR?

"Amar a sus maridos" (v. 4)

¿Como será esto? ¿Hay mujeres que se casan sin saber amar a su esposo? ¡Sí! Es muy posible. Tal vez nunca vieron de niñas el amor manifestado en su propio hogar. Puede que se hayan casado por conveniencia, para tener hogar y seguridad, o porque querían tener un vestido blanco largo y una fiesta de bodas. Tal vez una cosa que notamos en la América Latina, es que las mujeres están más preparadas para ser madres que para ser esposas. Sin embargo, Dios quiere que las esposas jóvenes amen a su marido.

Una señora muy joven me dijo: — Yo tenía varios hermanos. Como yo era la única hija, había mucha competencia y yo crecí peleando y compitiendo en todo sentido en mi hogar. Después de casarme, me di cuenta de que estaba actuando igual en mi nuevo hogar: siempre peleando, regañando y molestando a mi esposo. No tenía la menor idea de cómo mejorar nuestras relaciones. Conseguí su primer libro, *Mujeres llenas de gracia,* y al leerlo, me di cuenta de que no estaba creciendo en gracia. Estaba reclamando mis derechos, siempre iracunda y dispuesta a pelear. Comencé a corregirme a mí misma, con la ayuda de Dios. Empezamos a orar juntos y algo maravilloso empezó a suceder. ¡Estoy enamorándome nuevamente de mi esposo! Ya no estoy peleando. Ahora ha empezado a crecer el cariño entre nosotros.

La mujer sabia hace las cosas del hogar de la manera que le gusta al esposo para agradarle. A mi padre le gustaban las habichuelas amarillas con crema, pero a mi madre le gustaban las verdes con tocino. Al ver las habichuelas en la mesa, yo podía darme cuenta de a quién estaba complaciendo. A mí me costó mucho aprender a planchar y almidonar las camisas blancas de mi esposo. Las arrugas siempre me vencían. A veces derramaba lágrimas sobre la plancha, pero nuevamente me ponía a plancharla hasta hacerlas desaparecer. Al fin aprendí a complacer a mi esposo pastor aun en ese detalle.

Sí, en las cosas pequeñas podemos demostrar nuestro amor. Aceptemos el cariño de nuestro esposo, y no seamos indiferentes.

"Amar a sus hijos" (v. 4)

¿Por qué nos dice que tenemos que aprender a amar a los hijos? ¿No viene esto en forma natural y automática, con el nacimiento de cada nueva vida?

Cuando yo miraba la redonda y bonita cabeza de Larisa Michelle, sus ojos brillantes y su boca como una rosa, era fácil amarla. Me invitaron a Costa Rica para una convención de las jóvenes Misioneritas, y allí estaban Rocky y Sherry estudiando en la escuela de idiomas, preparándose para ir a la Argentina como misioneros. Sherry estaba esperando su segundo hijo. Su doctor le avisó que faltaba otro mes. Ella lloró al regresar a la casa. En mis oraciones, le decía al Señor que sería muy lindo si llegaba el bebé mientras yo estaba todavía presente, para poderle ayudar a Sherry, pues tenía que continuar con sus clases desde las 6:30 de la mañana.

¡Qué lindo fue oír a Rocky decir: "Ahora voy a llevar a Sherry al hospital"! La nena llegó justo el mismo día de cumpleaños de su hermanito Natán. Con ojos llenos de amor, mirábamos esa nueva vida. Las primeras noches después de que llegara a la casa, lloraba con dolor de estómago. Le daba té de anís, agua tibia, y le friccionaba su pequeño cuerpo, mientras caminaba hora tras hora. Me di cuenta de que tenemos que aprender a amar a los hijos en todo momento, en salud o en enfermedad.

Esta es una de las causas de que haya padres que golpeen a los niños. Los pequeños empiezan a llorar, y los padres, cansados o deprimidos, no saben orar a Dios para que les ayude a amarlos. Algunos niños llevan seis semanas con cólicos y los padres se desesperan hasta maltratarlos con bofetadas y castigos.

¡Dios siempre les manda el primer bebé a unos padres sin experiencia! Estos padres novatos tienen

Secretos para la felicidad 51

que aprenderlo todo, y lo más importante es aprender a amar y querer. Con el amor viene la responsabilidad de corregir. Cuando el hijo desobedece, debemos decirle: "Te quiero, pero no me gusta lo que tú haces."

Muchas madres dicen: "Mi hijo me grita y me responde. Me siento desolada; no sé qué hacer con él." Amar es querer y corregir, pero sin abusar. Los hijos pueden aprender a razonar, y de esta forma no necesitan tanta disciplina. Con una palabra o una mirada les basta.

Desde la lejana Argentina, viajé para visitar el hogar de mi hija Mona Rae, y conocer a mi nietecita Kristi. Ya tenía catorce meses. No me había visto y no me conocía. Teníamos que pasar por el proceso de conocernos. En el invierno de Minnesota hacía una temperatura de 20° bajo cero, y Kristi estaba resfriada. Me quedé en la casa para cuidarla mientras sus padres iban a la iglesia. Cantamos y la mecí en mi falda. Luego ella quiso tocar todos los adornos bonitos que había en una mesa. Había un burrito de cerámica hecho en México. Kristi extendió la mano...

—No, Kristi. Tu mami te ha dicho que eso no se toca.

Me miraba con sus grandes ojos castaños, y mientras me miraba, extendió la otra mano para tocarlo de nuevo.

—No, Kristi —le repetí.

En seguida me pegó con la mano. Me daban ganas de reír, pero no lo hice. La tomé de la mano para llevarla a la cocina. Le dí entonces una galletita, y se olvidó del burrito. A veces cuesta amar y corregir a los niños con un cariño suave. Las madres jóvenes tienen mucho que aprender, y también las abuelas.

52 Familia, fe y felicidad

"A ser prudentes" (v. 5)

Hay una gran necesidad de enseñar la prudencia a nuestras jóvenes. Prudentes en su manera de mover el cuerpo, de mirar con los ojos, de cuidar de no tocar a los hombres ni provocarlos. Es la mujer la que tiene que aprender a no hacer invitaciones con los ojos, y bajar la mirada en la calle cuando vuelan los piropos.

Conozco el caso de un hombre que era ministro. Vio a una mujer en la calle, y le dirigió una mirada demasiado íntima. Comenzó a seguirla hasta que entró en una iglesia católica. La miró otra vez, y al salir la siguió de nuevo. No fueron miradas prudentes ni castas las que se cruzaron. ¿Qué pasó? La siguió hasta su departamento y comenzaron así años de vida doble. Cristo dice en Lucas 11:34-36:

> "La lámpara del cuerpo es el ojo; cuando tu ojo es bueno, también todo tu cuerpo está lleno de luz; pero cuando tu ojo es maligno, también tu cuerpo está en tinieblas. Mira pues, no suceda que la luz que en ti hay, sea tinieblas. Así que, si todo tu cuerpo está lleno de luz, no teniendo parte alguna de tinieblas, será todo luminoso, como cuando una lámpara te alumbra con su resplandor."

A los jóvenes también tenemos que enseñarles que sean prudentes en su trato con las señoritas y que juntos se mantengan puros. Esa misma discreción debe usarse también en la clase de ropa que se usa antes y después de casarse. Tengamos cuidado con las blusas muy escotadas, que levantan las pasiones de los jóvenes. Cuando las minifaldas están de moda, se debe usar moderación. Hay un secreto en cuanto a la moda: no ser la primera ni la última en seguirla, y no llegar a los extremos. La prudencia demanda moderación en todo: en nuestra manera de ser, de hablar, de pensar, y aun en las lecturas y programas que permitimos en el hogar. Esa castidad de vida evita muchas angustias en el futuro.

"A ser cuidadosas de su casa" (v. 5)
Los vecinos deben poder ver la realidad de nuestra experiencia cristiana por el cuidado de nuestro hogar. En esto pueden participar los hijos desde una temprana edad. Que el frente esté barrido y sin basura. Algunas plantas y pasto verde traen alegría al hogar. Cuando se abra la puerta, se deben encontrar orden y hospitalidad. Es de suma importancia enseñar a los hijos a arreglar su cuarto, tender su cama, cuidar sus juguetes y colgar su propia ropa. Si una señorita se casa sin haber aprendido esto, su casa será un desastre. Verá que el día se evapora, y al llegar el esposo de su trabajo o su ministerio, tendrán que dormir en una cama desarreglada.

La limpieza y la piedad son gemelas. El hogar debe mantenerse limpio, por más pequeño que sea. La vajilla lavada, seca y en su lugar y el baño limpio. Todo esto asegura la higiene del hogar y se evita que los microbios se multipliquen y causen enfermedades corporales.

Una joven tiene que aprender a cuidar la ropa; lavar sin mezclar la ropa de colores con la blanca, secar y planchar. Hay algunas que dicen: "Esta blusa está rota; las medias tienen un agujero; ¡las tiro a la basura!" ¡No! Somos mayordomos de todo lo que nos proporciona Dios. Cuidar la ropa estira el presupuesto, y mantiene ordenado el hogar.

"Buenas" (v. 5)
A veces decimos en broma que la mujer no debe

ser un "clavo" para el esposo. Al contrario; la esposa debe ser buena. En el primer capítulo de este libro estudiamos Génesis 1, donde se relata que Dios formó a la mujer después de decir: "Haré una ayuda idónea." Esto exige de la mujer que sea buena, cumplida, bondadosa, fiel y ayudadora en el hogar. Pero hay varios días de cada mes en que la mujer no se siente bien y a veces parece que no tiene siquiera el deseo de ser buena, sino más bien de todo lo contrario. Es el momento en que necesita mucha comprensión de parte de su esposo, y es cuando tiene que pedirle gracia al Señor para ser una persona buena. La obra del Espíritu Santo en la vida de ella la transformará en una "mujer llena de gracia" y bondad.

Escuché a un amigo decir que su esposa siempre sufría de dolores agudos de cabeza, pero cuando dejó de leer el horóscopo, se sanó de sus dolencias. Eso sí, muchas mujeres compran las revistas o el diario para leer su horóscopo todos los días. Es una costumbre peligrosa, como también lo son las adivinanzas, el tarot, la brujería y la santería. Seamos sabios para rechazar estas influencias malas que nos acechan.

Al pensar en los cuadros que ponemos en nuestro hogar, tenemos que ver que sean un reflejo de nuestro cristianismo. Hay quienes llenan la pared con lemas políticos, con deportistas, y todo hace un impacto en la vida de nuestros hijos. Una mujer llenó sus paredes con cuadros del mar y se sorprendió cuando su hijo decidió ser marinero. Hay que pensar en las influencias personales y también exteriores en el hogar.

En Proverbios 14:1 encontramos base bíblica para este pensamiento: "La mujer sabia edifica su casa; mas la necia con sus manos la derriba."

Secretos para la felicidad 55

No hace mucho fui conferencista en una convención de damas. Unas 12 señoras jóvenes me pidieron hablar conmigo. Acepté con gusto. Me manifestaron que habían sido egoístas, descontentas, y se habían ocupado sobre todo de cubrir las apariencias, pero al leer mi libro sobre el fruto del Espíritu en la vida, empezaron a llorar bajo la influencia del Espíritu Santo. Varias dijeron que su esposo había notado un cambio en ellas, y que esto había hecho también un cambio muy favorable en los mismos esposos. Me confiaron: — ¡Ojalá escribieras otro libro para los hombres, porque ellos también necesitan crecer en Dios!

**Mujeres llenas de gracia*, Edit. Vida

"Sujetas a sus maridos" (v. 5)

Una señora llamada Trina me contaba la triste historia de peleas y desacuerdos de su hogar. Me dijo que estaban pensando divorciarse. Su esposo y ella no podían dominarse y sus hijos estaban en drogas. Alguien la invitó a una reunión de oración en un hogar, y ella aceptó a Cristo. Experimentó un cambio tan grande, que quería compartirlo enseguida con su esposo. — No — le aconsejaron sus sabias amigas —, ore para que Dios la cambie tanto a usted, que él mismo note la transformación y le pregunte qué le pasó. — Ella empezó a orar para que Dios le diera amor, porque no podía soportar ni ver a su esposo. Le había llegado a tener repugnancia.

Un día estaba leyendo su Biblia, y le saltaron estas palabras de la página: *"sujetas a su maridos"*. "Justamente lo que no quiero ser", pensó ella, "Yo soy más inteligente, más preparada, soy quien le ayuda en su negocio. Gracias a mí, él mantiene su hogar y su posición. No quiero sujetarme." Sin embargo, el Espíritu Santo fue fiel, y le ablandó el corazón. Oró: —Si está en tu Palabra, Señor, debe haber una razón. Dáme amor para poder sujetarme, y un corazón humilde para aprender a hacerlo, ¡porque jamás me he sometido a nadie!

Dios sabía que si aquella mujer podía sujetarse, sometiéndose a su propio marido, aprendería a descansar en la confianza de que El la cuidara y protegiera. Es interesante notar que esta frase se encuentra en varios lugares de la Palabra. Puede buscar Colosenses 3:18, 1 Pedro 3:1, y Efesios 5:22. Ahora bien, juntamente con el mandato de que la esposa se sujete a su esposo, viene siempre el imperativo de Dios: "Esposos, amad a vuestras esposas." Amarla como si fuera su propio cuerpo.

¿Que pasó con Trina? Cuanto más oraba por su esposo, peor la trataba él, y más indignidades y maltratos tenía que soportar, pero ella no le devolvía mal por mal, y al fin él le preguntó: —¿Qué te ha pasado?

Le contestó ella: —Estoy orando por ti. Estoy orando para que Dios me llene de amor, cariño y comprensión por ti.

El vio que ella estaba dispuesta a cumplir con lo que decía la Palabra, sujetarse, callarse, obedecer, servir y convivir. No pudo resistir más y también aceptó al Señor. Los hijos dejaron las drogas, y toda la familia fue rescatada, sanada y cambiada, porque esta mujer decidió cumplir la Palabra de Dios y sujetarse.

Es interesante pensar que se usa la palabra "sujetar" cuando se habla de juntar y asegurar papeles con un gancho. Así estamos unidas a nuestro esposo. Nos produce descanso saber que si nosotras cumplimos la Palabra de Dios y nos sujetamos a nuestro marido, él también muy posiblemente se manifestaría en un trato más gentil y suave y más amoroso.

Me gusta mucho que mi esposo diga: —Yo trato a Betty Jane como a una persona completa, con su propia dignidad. —Es que yo he andado a su lado, sujeta a él. En el capítulo tres, David habló de las bases del hogar: lealtad, respeto mutuo, cooperación. Todo esto está comprendido dentro de la sujeción al hombre que Dios nos ha dado.

A veces, al finalizar una conferencia de damas sobre familia y hogar, les digo: —Vuelvan a sus hogares para vivir lo que aquí han aprendido. Van a encontrar en la casa al mismo esposo de antes, pero la actitud sana que llevan de estas sesiones podrá obrar poderosamente para cambiarlo y hacerlo un esposo excelente."

Palabra sana e irreprochable (v. 8)

¿Es posible vivir en el hogar así, con palabras sanas?

¡Ciertamente que sí! Lo que pasa muchas veces es que usamos mucha ternura y palabras dulces mientras dure el noviazgo, pero después de cerrar el contrato con el anillo de matrimonio, olvidamos la cortesía y la ternura y hablamos todo lo que nos viene a la mente. Todo el capítulo 3 de Santiago nos da indicaciones acerca de la necesidad de refrenar la lengua. Dice que la lengua es el miembro más pequeño del cuerpo, pero puede hacer más daño, como un veneno. Puede producir un inmenso incendio. Con la misma lengua que bendecimos a Dios, podemos maldecir a los hombres o a nuestra propia familia.

En Panamá vimos un chiste llamado "Marido y Mujer". Había dos niños jugando. El varoncito decía: —¿Vamos a jugar a marido y mujer? —

La niña respondía: —No, no tengo ganas de discutir.

Digno de risa, pero es cierto que los niños se dan cuenta de cómo somos en el hogar. Algunas familias no pueden vivir sin griterías y palabras fuertes. Tendremos que esforzarnos para mantener conversaciones sanas en el hogar, pero recordemos que Dios quiere ayudarnos. Mi padre era un hombre suave de palabra y tierno. Será por eso que busqué a un hombre lleno de ternura. Juntos nos esmeramos para que la palabra de nuestra boca sea aceptable al Señor, porque El es huésped permanente de nuestro hogar.

Con nuestros hijos repetimos todos los días:

"Sean gratos los dichos de mi boca y la meditación de mi corazón delante de ti, oh Jehová, roca mía, y redentor mío" Salmo 19:14.

Enseñar todas estas virtudes en nuestro hogar nos lleva al secreto de la felicidad para las esposas jóvenes, los esposos jóvenes y los hijos. Cumplimos así lo que se encierra en Tito 2:10:

> "No defraudando, sino mostrándose fieles en todo, para que en todo adornen la doctrina de Dios nuestro Salvador."

PARA LA VIDA PRACTICA

1. ¿Cuáles virtudes le costó especial esfuerzo llevar a su matrimonio?
2. ¿Cómo podemos manifestar discreción y ser castas en nuestra manera de ser, de actuar y de vestir?
3. Busque los verbos en Tito 2. ¿Qué impacto tienen para su vida?
4. Tito 2:9 dice: "Que no sean respondones." ¿Qué quiere decir esta exhortación? Si es ese nuestro problema, ¿cómo podemos corregirlo?

Secretos para la felicidad 59

5. ¿Cómo podemos presentar la doctrina de Dios? (Tito 2:10.)
6. ¿Qué clase de palabras se usan en su hogar? ¿Les hablaría de igual manera a su pastor o a su maestro de la Escuela Dominical?
7. ¿En qué cambiarían su manera de ser y de hablar si supiera que Cristo viene a almorzar en su hogar?
8. ¿Hay estatuas, cuadros, revistas, figuras o cosas que querría cambiar antes de recibirlo como huesped en su hogar?
9. ¿Qué efecto pueden tener estas mismas cosas sobre la vida de nuestros hijos?

CApítulo cinco

COMUNICARSE SIN RESERVAS

"¿Andarán dos juntos si no estuvieren de acuerdo?"

(Amós 3:3)

Al finalizar una hora de clase, nos confesaba una señora: — Nuestro matrimonio está en serios problemas. Nos acercamos uno a otro con alambre de púas. Nuestro corazón está lleno de resentimiento y odio. No nos tocamos nunca, y rara vez nos hablamos.

Comunicación equivale a encuentro. Es una palabra que procede del latín *communis,* que da la idea de algo que se unifica, que se pone en común, como quienes se ponen de acuerdo. Para lograrlo, es preciso bajar las defensas, romper las barreras y tomar pasos de acercamiento.

La falta de una comunicación adecuada es el problema número uno para la familia, y de allí proceden los males que destruyen el matrimonio y el hogar. Para mantener abiertas las comunicaciones, se necesita la participación activa de todos los miembros de la familia. La comunicación es un proceso dinámico: tiene que fluir, tiene que moverse entre las personas. Eso exige algún esfuerzo.

—Nuestro matrimonio fue hecho en el cielo —nos decía un amigo, con lo que nos quería asegurar que andaba a las mil maravillas.

Mirando a Betty Jane con una "sonrisa" en los ojos, le contesté al amigo: —Nosotros estamos perfeccionando el nuestro todavía en esta tierra... ¡todos los días!

En el presente capítulo queremos compartir unos consejos importantes que podrán ayudarnos a mantener buenas comunicaciones en la familia.

EL SILENCIO PELIGROSO

En primer lugar, tenemos que reconocer que hay un peligro en el silencio. Puede ser indicio de falta de interés, hostilidad o aburrimiento. Cuando una pareja no se habla, el resultado es la amargura. El escritor de Hebreos nos deja esta importante exhortación:

> "Mirad bien, no sea que alguno deje de alcanzar la gracia de Dios; que brotando alguna raíz de amargura, os estorbe, y por ella muchos sean contaminados."
>
> (Hebreos 12:15)

El resultado de una investigación hecha por un grupo de sicólogos indica que, en el 85% de los casos de problemas matrimoniales, los cónyuges no pueden conversar acerca de sus problemas. Poco a poco dejan de hablar sobre "ciertos temas" para evitar explosiones y rupturas en sus relaciones, y al final, el resentimiento embotellado los vuelve completamente aislados. ¡Lamentable situación que muchas veces se disimula prendiendo el televisor para encerrarse cada uno en su pequeño mundo privado!

"Hablando se entiende la gente", nos dice el conocido refrán, pero para hablar se tiene que romper el silencio, y por lo menos uno de los dos tiene que tomar la iniciativa de...

ESTAR DISPUESTOS

Estar dispuestos a comunicarse abiertamente sin reservas. Es cierto que cuando la persona se revela, se expone a ciertos peligros, pero es un riesgo necesario. La tendencia general de los humanos es la de encerrarse frente a los problemas, pero con eso, los problemas sólo se hacen más grandes y formidables. Repito: alguien tiene que tomar la iniciativa.

El matrimonio no es un arreglo equitativo de porcentajes iguales en que tanto el esposo como la esposa aportan el 50% del esfuerzo para llegar a un todo. Muy rara vez se llega a un encuentro, esperando que cada persona camine la misma distancia para lograrlo. En la práctica, el encuentro —la comunicación— se logra si ambos están dispuestos a comprometerse al ciento por ciento si la necesidad lo demanda. Esto a veces se convierte en una proporción 80% - 20%, un 30% - 70% ó un 90% - 10%. Lo importante es estar dispuestos, llegar al acuerdo y caminar juntos.

El matrimonio no es una ciencia exacta; es más bien un arte. Se aprende y perfecciona sobre la marcha. No se trata de fórmulas químicas para ponerlas en computadoras. Se trata de personas, con temperamentos y disposiciones diferentes. No obstante, si esas personas se abren, se produce...

EL MILAGRO DEL DIALOGO

El diálogo es un camino de dos vías. Se requiere la participación activa de dos o más personas.

En muchos hogares reina el monólogo ("monos",

uno; "logos", discurso). Se escucha una sola voz; las demás están reducidas al silencio. En otros hogares se escuchan muchas voces, pero el hecho de estar hablando más de una persona no garantiza el diálogo. Es sencillamente una serie de monólogos disfrazados de diálogo, y cada persona se mantiene en su propio mundo de deseos.

He escuchado "conversaciones" de sobremesa entre esposos que no eran más que dos monólogos. Los dos hablaban, pero sobre temas completamente diferentes: el esposo sobre sus problemas particulares del día, y la esposa sobre sus sinsabores con la casa y los niños. Dos monólogos cruzándose en el aire, lejos del diálogo y sin dar importancia alguna al encuentro y la comprensión. Conozco también familias donde los hijos han seguido el ejemplo de los padres, y cuando se sientan a la mesa para comer, hay tantos monólogos como personas presentes. ¡Cada uno habla de lo suyo!

Monologar es manifestar egoísmo. Dialogar es hablar con el corazón en la mano. El verdadero diálogo se produce cuando cada persona se interesa por las necesidades de la otra. Se ve a esa persona como completa y genuina, con su propia dignidad y con algo que decir cuando abre la boca para hablar. Se le permite hablar, y se la escucha con atención.

SENSIBILIDAD

Otro de los grandes secretos de la apertura en las comunicaciones, es el cultivo de la sensibilidad.

—Yo, por naturaleza, soy una persona muy reservada —me dijo un hermano—. Me es difícil expresarme. Soy bastante introvertido y creo que eso ha sido uno de los factores en la creación de cierta distancia en las relaciones con mi esposa.

Son palabras que hemos escuchado en muchas partes. Reconocer y articular el problema es un primer paso muy importante hacia su solución.

Cierto es que la insensibilidad entre miembros de una familia produce problemas graves para la comunicación. Debe ser esa la razón de que en muchas familias se tenga que gritar para conseguir la atención deseada.

La persona sensible tiene sus "antenas" activas para observar la reacción de otros. Esto va mucho más allá del simple escuchar palabras habladas, porque una gran parte de esa "retroalimentación" se transmite con un lenguaje sin palabras. Un estudio sobre comunicaciones dentro del matrimonio reveló que sólo en 7% de la comunicación se hace con palabras; en cambio, el 38% se logra con el tono de la voz y el 55% con expresionens del rostro, gestos y movimientos del cuerpo.

La comunicación no verbal es de incalculable importancia en el hogar. Los "mensajes sin palabras" se envían con los ojos, abriendo o cerrando uno o los dos; levantando las cejas, con gestos de la cara, movimientos de la cabeza o gestos de las manos. La posición del cuerpo al estar de pie y la manera de sentarse son también mensajes. Intercambiamos ideas y pensamientos de muchas maneras. Aun la distancia que se mantiene al hablar dice mucho. El simple hecho de tocarse vale mucho más que los argumentos lógicos para lograr el acercamiento. Un toque afectuoso crea comprensión y deseo de cooperar. ¡Bienaventurados los esposos que cultiven la sensiblidad en este "lenguaje corporal"!

EMPATIA

De una importancia mayor aún para la apertura

de las comunicaciones, es que pueda haber empatía. Esta es un grado más elevado en la escalera de la sensibilidad. El que sabe mostrar empatía tiene capacidad para imaginarse lo que siente la otra persona, y compartirlo con ella. Sencillamente, se sabe poner en el lugar del otro. Sicológicamente, "camina en los zapatos del otro".

¿Qué quiere decir esto para mí, como esposo? Me sirve de poderoso reto. La verdad es que yo nunca he tratado de caminar en zapatos de tacón alto, como los que lleva Betty Jane. Debe ser sumamente difícil caminar sobre la punta de los pies. También creo, sinceramente, que hay muchísimas situaciones más que el hombre entiende muy poco, aunque se trate de la mujer con quien comparte la vida. ¿Qué entendemos los hombres, de veras, en cuanto a los dolores de la menstruación, el embarazo o el mismo parto? ¿Qué tal nos parecería estar todo el día amarrados a la cocina al mismo tiempo que los niños nos piden atención por todos lados? ¿Cómo es el trauma de la menopausia?

Los hombres sabemos poco, muy poco, pero sí podemos expresarles nuestra comprensión. Pedro nos enseña que la mujer es digna de ese trato:

"Vosotros, maridos, igualmente, vivid con ellas sabiamente, dando honor a la mujer como a vaso más frágil, y como a coheredera de la gracia de la vida, para que vuestras oraciones no tengan estorbo" (1 Pedro 3:7).

El vaso más frágil, nos dice Pedro. Darle la necesaria consideración. Tratarla con cortesía, como en los días del noviazgo.

Pablo nos exhorta de esta manera: "Maridos, amad a vuestras mujeres, y no seáis ásperos con ellas." Amarla y tratarla como la reina del hogar.

Tomarla en cuenta. Si vamos a llegar tarde para la cena o el almuerzo y si hay manera de avisarle con anticipación, hacerlo. Si caminamos juntos por la calle, no dejarla unos metros atrás, cargando al hijo y la bolsa de compras mientras el "rey" va delante, muy tranquilo, con las manos en los bolsillos.

"¿Cómo me sentiría yo, estando en su lugar?" Esta es la pregunta clave... y eso es manifestar empatía. Por supuesto, lo merecen tanto los esposos como las esposas.

EL ARTE DE ESCUCHAR

Algunos creen que basta saber hablar el mismo idioma para lograr comunicación. Lo cierto es que, para llegar a comprenderse, mientras habla uno, el otro tiene que escuchar. Las familias sanas saben cuándo hablar... y cuándo callar para poder escuchar.

Las escuelas y los colegios nos preparan para leer, escribir y hablar, pero no le prestan casi ninguna atención al desarrollo del arte de *escuchar,* aunque el tiempo total que pasamos en la vida oyendo, sea el triple del que pasamos en el uso de nuestras demás capacidades. ¿Alguna vez nos hemos matriculado en un curso acerca del "arte de escuchar"? Ahí está la gran deficiencia. La capacidad de escuchar está patéticamente subdesarrollada. Somos egoístas, y aferrados a las ideas propias.

La Biblia nos habla de la importancia que tiene prestar atención. Jesús dice seis veces en los evangelios: "El que tiene oídos para oir, oiga." Santiago lo expresa de esta manera: "Todo hombre sea pronto para oir, tardo para hablar, tardo para airarse" (Santiago 1:19).

Nuestro problema personal y el del mundo radican en que somos muy prontos para hablar y muy tardos para escuchar. Alguien comentaba:

"Si en todas las actividades de la vida pudiéramos aprender el arte de escuchar, captar realmente lo que la otra persona está diciendo... las grandes hostilidades de la vida desaparecerían, simplemente porque escuchando de veras, habría desaparecido el malentendido."[1]

El desarrollo de este arte demanda nuestra participación activa: debemos atender al que habla. Esto muchas veces no es fácil, por el mismo equipo fisiológico con que nacimos, puesto que podemos recibir mensajes a la velocidad de 400 a 600 palabras por minuto y los que hablan lo hacen sólo a una velocidad que oscila entre los 120 y los 160. Tenemos nuestro comentario formulado y listo antes de haber escuchado bien lo que dice la otra persona.

En las comunicaciones, el mejor regalo que le podemos hacer al que habla es ofrecerle toda nuestra atención. Cuántas veces cometemos el pecado de la falta de atención... mirando directamente al que habla, mientras tenemos la mente en otra parte, y no oímos ni retenemos absolutamente nada de lo que dice.

A mí me pasa muchas veces.

—Tráeme por favor dos litros de leche, un pan, queso blanco y unas estampillas esta tarde cuando vuelvas de la oficina —me pide Betty Jane.

—Perfecto —le contesto—, pierde cuidado...

Cinco minutos más tarde, apenas he dejado la casa, ¡no me acuerdo sino de los dos litros de leche!

La pregunta de importancia es esta: —¿Me estás escuchando? —La respuesta es que, en muchas relaciones del hogar, no estamos escuchando muy claramente. Oímos ciertos sonidos, pero la mente está distraída. Eso es peligroso, porque la otra persona, tarde o temprano, nos calificará como decía alguien acerca del teléfono: — Si uno marca el número varias veces, y siempre suena ocupado, finalmente deja de marcarlo...

¿Estamos dando señales de "línea ocupada" cuando nuestro cónyuge desea expresarse? ¿Será eso parte del problema en las barreras que existen en la comunicación entre padres e hijos?

MOTIVAR

Un último consejo tiene que ver con la motivación entre miembros de la familia. En la etimología de la palabra, vemos que el vocablo motivar procede del latín *motivus,* "lo que hace moverse". La motivación positiva abre a la persona... y la mueve sicológicamente hacia la persona que inició la comunicación.

Cada vez que pienso en la palabra motivación, me acuerdo de la tortuga. Es un animal que se encoge con facilidad para encerrar la cabeza y las cuatro patas dentro del caparazón. ¡Tiene la protección de un tanque de guerra! Así somos entre esposos muchas veces. Nos cerramos casi herméticamente dentro de nuestro mundo privado, y de allí nadie nos saca. Nos quedamos incomunicados... a menos que alguien sepa motivarnos. ¿Qué pasa si existe una motivación positiva? Lo mismo que sucede con la tortuga cuando huele una lechuga fresca. Primero comienza a sacar la cabeza, después las extremidades y en unos instantes, hay un ambiente en el cual la comunicación puede continuar.

Aquí es donde los hechos producen mucho más

70 *Familia, fe y felicidad*

que las palabras. Una pequeña flor vale más que diez mil palabras, aunque sea una flor silvestre que encontramos por el camino rumbo a casa. Esa flor dice con gran elocuencia: "Mira, querida, estaba pensando en ti, y aunque no tengo plata (como tu sabes), te he traído esto."

Estábamos en Panamá celebrando un seminario sobre matrimonio y hogar. Anunciamos que para la última noche se haría una renovación de los votos del matrimonio. La escena era inolvidable; había cincuenta parejas en un círculo junto al altar. Los hombres habían buscado una flor para entregarla a su esposa en el momento de la dedicacón. No era época de flores frescas, pero el surtido era impresionante, porque aquellos hermanos habían buscado hasta encontrar claveles, rosas, crisantemos, orquídeas silvestres y aun hibiscos de los arbustos en el camino. Cada cual con la suya.

Esa comunicación extraverbal resultó muy motivadora y los ojos de las esposas brillaban como estrellas cuando los esposos les entregaron las flores. Al final de este acto, la señora que menciono al principio de este capítulo dijo: —Ahora el odio que sentíamos se ha derretido. Ya nos tocamos. Estamos de luna de miel nuevamente. Dios ha hecho en nosotros un milagro.

PARA LA VIDA PRACTICA

1. ¿Cuándo le presta más atención su compañero(a)? ¿cuando habla en voz alta, o en voz baja?
2. ¿Puede usted recordar alguna ocasión en que la amargura haya echado raíces y provocado problemas en su vida?
3. ¿Qué técnicas podría emplear para resolver el problema de que su compañero(a) no quiera hablar?

Comunicarse sin reservas 71

4. ¿Qué clases de mensajes "no verbales" existen entre ustedes?
5. ¿Qué quiere decir la Biblia cuando habla de la mujer como "vaso más frágil"? (2 Pedro 3:7).
6. ¿Es posible que la mujer sea más valiente que el hombre? ¿En qué situaciones?
7. ¿Cómo pueden ser ásperos los maridos? Colosenses 3:10.
8. ¿Cómo podemos cultivar el arte de escuchar? ¿Qué pasos habría que tomar?
9. ¿Cómo podemos cumplir con los mandatos de Colosenses 3 los esposos? ¿y las esposas? ¿y los hijos? ¿Es posible?

Improving Oral Communications, James H. Henning, New York: Mc.Graw-Hill 1966, página 28.

Capítulo Seis

LA ORACION EN FAMILIA

"Dame... hoy buen encuentro."
(Génesis 24:12)

Una amiga me telefoneó, — Por favor, ora por mi hijo; está metido en malas compañías. Tengo mucha angustia. — El hijo ya tenía diecinueve años. Ya es muy tarde para empezar a orar si lo hacemos cuando los hijos ya están grandes y metidos en problemas. Durante los períodos de mis embarazos me di cuenta de que es necesario orar por esa nueva vida desde el momento mismo en que comienza su desarrollo en el útero. Varios meses antes de su nacimiento, Dios puede rodear protectoramente a esa pequeña persona cuando aún es sólo un embrión.

Es preciso saber que Dios nos forma y somos una persona completa desde el momento en que somos concebidos. El Salmo 139:13-18 dice que Dios nos conoce y nos ve. El nos toma en cuenta en su libro. Sabe nuestro nombre. Piensa en nosotros. Así podemos orar todos los días por esa criaturita nueva. Jeremías 1:5 dice que Dios conoció y llamó a Jeremías para ser profeta desde el vientre materno. Conozco a varios siervos de Dios que han sido separados para la obra del señor desde la matriz.

Sus madres los han santificado y separado en oración para el llamado de Dios.

CERCADOS

Me gusta mucho la historia de Job. A pesar de que lo recordamos como un pobre hombre lleno de llagas, cuando lo vemos por primera vez es un hombre recto y perfecto, sacerdote para su familia. El diablo dio testimonio acera de Job, diciendo que no podía tocarlo porque Dios había puesto un cerco protector alrededor de él. La oración sacerdotal de Job había cercado también a toda su familia.

En la memoria oigo a mi padre mencionar mi nombre en oración. Con voz suave, oraba por cada uno de sus seis hijos a la hora de la cena, cuando estábamos juntos alrededor de la mesa. Por nada hubiera ofendido a mi padre. Hasta el día en que Dios lo recogió, a los ochenta y siete años, siguió orando por nosotros. Después del entierro, los hermanos de la iglesia me contaron que sus oraciones los llevaban a todos hasta la misma presencia de Dios con su fe y sinceridad.

También tengo otro recuerdo. Cuando llegaba del colegio por la tarde, muchas veces sentía la aroma de pan fresco, galletas dulces o budín. Cuando llamaba: "Mami, mami," y ella me contestaba, la encontraba de rodillas orando en una pieza pequeña situada al fondo de la casa. Solía limpiarse las lágrimas de los ojos con su delantal mientras salía con su Biblia. Los sábados siempre estudiábamos juntos la lección bíblica del domingo, y en la mesa papá la aplicaba a los asuntos y circunstancias de nuestra vida diaria. Así la Palabra y la oración eran más que frases vacías. Se hacían parte de la vida práctica.

La oración en familia

Es trabajoso orar. Se tienen que invertir tiempo y esfuerzo. Sin embargo, la oración es el cemento que unifica la familia.

Mientras vivíamos en la Argentina me llegó una carta de una amiga del Norte. Yo estaba colgando ropa en el patio, pero al leer la carta mis piernas se doblaron. Me contó la triste historia del hijo de un pastor. Se había pasado un semáforo en rojo con el auto, no se detuvo cuando se lo indicó el policía. Comenzó la carrera. Cuando al fin detuvo el auto, tomó un fúsil que tenía sobre el asiento, y durante el altercado el arma se descargó, quitándole la vida al jóven. En el auto y en su departamento, la policía encontró drogas y artículos robados.

¿Que habría pasado? Sus padres eran amigos nuestros, pastores conocidos. Mi corazón sufría por toda la familia.

Cuando conté esta historia en un campamento de Chile, la esposa de un pastor me dijo que su hijo era adicto a las drogas, y estaba robando para sostener su hábito. Esto puede afectar a cualquier familia.

¡Hay tantas influencias dañinas para la juventud! Las mentiras de las revistas, la presión en las escuelas y las convincentes invitaciones de los amigos los meten en aprietos. Tenemos que cercar a los nuestros con la sangre de Cristo todos los días. Recuerdo que mi madre nos enviaba al colegio todos los días con esta oración: "Aplicamos la sangre de Cristo como protección sobre nuestra familia."

ORANDO DIA Y NOCHE

En Lamentaciones 2:11-22 vemos una descripción de la situación actual. Los hijos destruidos por el enemigo. Debemos de derramar lágrimas y

76 Familia, fe y felicidad

conmovernos en nuestro corazón. Tenemos que levantarnos y dar voces en la noche, implorando por la vida de nuestros hijos.

No hay nadie inmune contra las acechanzas del enemigo. Tenemos que estar siempre apercibidos en la oración. Mientras nuestros hijos estudiaron en el exterior, yo tenía una cita matutina con Dios. Al dar vuelta a mi cabeza podía distinguir los números iluminados del reloj despertador. Eran las cuatro de la madrugada. ¡Hora de orar! Los nombraba a cada uno; sus circunstancias, sus clases, sus decisiones. A veces sentía una carga especial. Por la tardanza del correo yo no podía saber por semanas enteras cual era la necesidad o problema. Pero Dios lo sabía, y cuando oraba en el Espíritu, El contestaba en el momento de necesidad.

ENSEÑANDO A LOS HIJOS A ORAR

Es muy importante orar por los hijos, llamándolos cada uno por nombre, pero también es importante enseñarles a orar. Cuando yo tenía ocho años de edad, se enfermó mi padre con cálculos y cólico del la vesícula. Mamá nos llamó a nosotros seis, y rodeando su cama, oramos con fe. Después vino el pastor para ungirlo con aceite, pero en mi corazón yo sabía que mi oración había llegado al trono de Dios a favor de mi papá.

Durante nuestros años de ministerio en Bolivia pasamos por muchas revoluciones. Muchas veces en la noche empezaban las explosiones de dinamita, las sacudidas de las ametralladoras y las bombas molotov. Los tres niños corrían a nuestro dormitorio gritando: —¡Mamá, papá, oremos!

Después de que se calmaba el tiroteo, volvían a sus camitas a dormir, pero la calma se interrumpía con nuevos estallidos de armas. Nuestros peque-

La oración en familia

ños nos preguntaban: — ¿No nos oye Dios? — ¿Qué respuesta puede darse frente a semejante inocencia tan transparente?

— Sí, Dios nos oye, hijos, El nos va a proteger en medio del problema.

Eso es infundir la fe. Sí, Dios dice que mil pueden caer a un lado y diez mil al otro, pero ni saeta ni mortandad vendrán a los suyos porque son protegidos por el ángel de Jehová (Salmo 91).

"ETCETERA"

Es necesario enseñar a los hijos que Dios es nuestro amigo, y podemos hablarle de corazón a corazón. Ellos aprenden al escucharnos orar. Una vez Rocky estaba orando en Bolivia. Tenía más o menos sus ocho años. Al finalizar la oración dijo: — Ya sabes, Señor, que Tú puedes recordar todo lo que yo he olvidado. Puedes arreglar todo lo necesario, *etcétera*.

Yo le pregunté: — Rocky, ¿de dónde has aprendido a orar así?

— ¡Bueno, mamita, uno de los tíos siempre termina así sus oraciones!

— No, hijo, Dios nos ha dado una mente sana, y quiere que seamos específicos al mencionar nuestras necesidades. Tenemos que nombrar a las personas que necesitan una bendición o una sanidad. No podemos ser perezosos. El nos va a ayudar, pero tenemos que hacer uso de toda nuestra inteligencia al hablarle.

El niño puede aprender a orar desde muy tierna edad. Puede repetir la oración en la mesa antes de comer. Puede aprender el Padre Nuestro. La oración en la noche antes de acostarse le da seguridad para dormir. En una tarjeta de cumpleaños que Rocky nos mandó desde la Argentina, escribió:

"Gracias por los tiempos en que orábamos juntos; por el recuerdo de verme arrodillado al lado de tu cama y de haber recibido a Cristo como mi Salvador personal cuando tenía seis años."

Raquelita recibió el bautismo del Espíritu Santo en un campamento espiritual de familias cuando tenía seis años. Un pastor amigo nuestro llenó el bautisterio en su iglesia para bautizar a una sola nena, porque en su corazón Raquel deseaba seguir a Cristo en las aguas del bautismo antes de volver a Bolivia.

Es muy importante enseñar a los hijos a orar. Cuando visitamos la casa de Rocky, su hijo Natán tenía dos años y medio, y al sentarnos en la mesa siempre decía: —¡Yo voy a orar!— Oraba por su perro, su abuelo, sus primas, sus papás, y al final de todo, por la comida. Kristi oraba por su muñeca, porque la iba a acompañar a España y como no tenía otras amiguitas, era importante en su vida. Lisa y Abril se turnaban para orar en la mesa con los otros.

Es muy bello ver a los niños empezar a razonar y hablar con Dios, así a su temprana edad, como con un amigo.

LAS MANOS ENCIMA

Es muy importante tocar a los niños. Ellos necesitan el calor de nuestro toque. Tomemos tiempo para impartir la gracia y ayuda de Dios poniendo las manos sobre nuestros hijos. Ese toque proporciona bendición.

Es importante tomar tiempo cada día para un culto familiar y para orar juntos. Voy a compartir estas ideas de un estudio preparado por nuestro hijo Rocky:

La oración en familia 79

1. Objetivos de un altar familiar
   a. Ayudar a cada miembro de la familia a crecer en el conocimiento de Dios y su Palabra.
   b. Ayudar a cada persona a expresarse en forma natural acerca del Señor, y orar en forma abierta y natural.
   c. Unir a la familia, con Cristo en el centro.
2. Ideas para hacerlo interesante
   a. Evitar un formato rígido y formal. Buscar la variedad.
   b. Hacer que diferentes personas lean la Biblia y oren.
   c. Leer dos versiones de la Biblia a la vez.
   ch. Pedir a una persona que ore por cada miembro de la familia.
   d. Oraciones cortas: que cada persona ore usando una sóla oración gramatical, siguiendo una tras otra como eslabones de una cadena.
   e. Pedir que cada persona ore por la persona que tiene a su derecha.
   f. Variar el tiempo devocional con música, coritos, o un cassette.

Lo importante es que cada persona llegue a sentir su dignidad personal delante de Dios; El escucha y responde a cada uno.

SANA A LOS ENFERMOS

Hay casos de enfermedad en una familia que sólo encuentran solución en la oración de fe. Cuando nació Raquelita, el médico me dijo: —Señora Grams, esta bebé no vivirá... Es una 'gringuita''. —¿Que significaba esto? Es que la ciudad de La Paz está a 3.500 metros sobre el nivel del mar y muchos niños mueren en el mismo momento de nacer. Por la falta de oxígeno en la atmósfera, los pulmones y el corazón tienen que trabajar mucho más. Unas semanas antes, le había nacido un bebé a una amiga, y como sus pulmones no se abrieron suficientemente, murió. Así que yo sabía cuán fácil era perder a nuestra pequeña.

Además, el periódo de embarazo había sido muy difícil. Durante los nueve meses sufrí de hemorragias y tuve que quedarme en cama por semanas, con inyecciones. Cuando estaba en los dolores de parto, el canal no se abrió lo suficiente y la bebita se atascó detrás de los huesos pélvicos. El médico tuvo que aplicar tanta fuerza al sacarla con los forceps, que todo quedó anormal.

No me habían traído a la nena, contándome que estaba en un pulmotor. Yo pensaba que, a pesar de mi estado muy delicado, con sólo verla podría confiar y orar mejor. Al fin a la medianoche del segundo día, convencí a una enfermera para que me la trajera en secreto. Estaba toda envuelta desde los pies, incluyendo las manos. Le miré la cara, toda morada y cortada con los forceps. Destapé las manos, conté cinco dedos en cada una; destapé también los piecitos, contando cinco y cinco. Después de taparla de nuevo, le dije a la enfermera:
—Ahora sí puedo creer y orar con fe.

Después de unos días, se hizo el milagro. Reaccionó y se restableció. Cuando el médico entró, me dijo: —Señora Grams, no sé lo que ha pasado, pero algo ha pasado!

Yo le contesté tranquilamente: —Yo sé lo que ha pasado. Dios contesta la oración.

A los pocos días llegó una carta de la hermana de mi esposo, preguntando si estábamos con problemas, porque en un sueño había visto a David con un bebé en sus brazos, y con una expresión de mucha

La oración en familia 81

preocupación en el rostro. Sin saber que estábamos esperando otro bebé, se levantó para orar en aquel mismo momento de la noche. ¡Dios es más grande que la televisión! A través de 12.000 kilómetros de distancia, su oración llegó al trono de Dios y la respuesta salvó la vida de Raquelita.

¿RESENTIDOS?

Sonó el teléfono y la enfermera de la clínica de La Paz me avisó que a una amiga nuestra le había bajado la presión a 42 y si queríamos verla con vida tendríamos que ir muy pronto. Le avisé a mi esposo, y como pastor de la iglesia, salió en seguida para buscar a varios diáconos. Yo tomé un autobús para viajar por las montañas directamente hasta la clínica. Al entrar en la habitación, vi que Delia ya se hallaba en estado comatoso. La enfermera, moviendo la cabeza, me dijo: — Ya es tarde. — Puse las manos en su cabeza y empecé a orar calladamente. De pronto, una fuente como de agua viva brotó de mi corazón y seguí orando en otras lenguas.

Delia abrió los ojos y me miró. Escuchó las lenguas, y las lágrimas empezaron a correr por sus dos mejillas: — Delia, ¿estás lista para morir? — le pregunté.

Hizo señas con la cabeza: — No.

— Entonces escucha lo que nos dice aquí la Palabra de Dios en Santiago 5:14-16:

"Confesaos vuestras ofensas unos a otros, y orad unos por otros, para que seáis sanados. La oración eficaz del justo puede mucho."

Delia era maestra de la escuela dominical, esposa de un diácono, madre de cinco hijos y activa en el grupo de damas en la iglesia. Ahora decía que no estaba lista para morir, y tampoco para vivir. Empezó a confesar con su poca fuerza que por años había guardado resentimientos y sospechas en su corazón en contra de su esposo: — Lo tengo muy profundo en mi corazón; nunca se lo quise decir a nadie.

Llamé a su esposo, y ella empezó a pedirle perdón por los resentimientos, por las ofensas que llevaba en su corazón y por haber guardado amarguras durante años. Los dos lloraron juntos. Más tarde llegó mi esposo juntamente con los ancianos y entonces sí era el momento para que se produjera el milagro de sanidad, porque el corazón estaba limpio. Vivió otros diez años, hasta criar a todos sus hijos y ver casados a algunos.

Como la esposa tiene el cuerpo más frágil, a veces los nervios de la mujer están de punta, y es más susceptible a las ofensas. Tal vez el esposo ni se dé cuenta de las heridas que ella recibe, ni de cuándo las recibe.

En la presente obra, mi esposo ha escrito un importante capítulo sobre la comunicación. La oración unida en el hogar es muy necesaria para mantener abierta esa comunicación, pero ambos tienen que cuidarse para no usar la oración como un látigo para fustigar al otro. Una amiga mía siempre le predicaba a su esposo en la oración. Su madre le preguntó si quería vivir sola. Si no, le aconsejó que no usara la oración para fustigarlo. En 1 Pedro 3:7 leemos:

> "Vosotros, maridos, igualmente, vivid con ellas sabiamente, dando honor a la mujer como a vaso más frágil, y como a coherederas de la gracia de la vida, para que vuestras oraciones no tengan estorbo."

LAS ZORRAS PEQUEÑAS

Nos gusta mucho viajar juntos y ministrar, especialmente en las clases sobre matrimonio y hogar. Puesto que hemos vivido tantas cosas distintas, tratamos de comprender y ayudar a nuestros hermanos. Estábamos juntos en un país muy cálido, enseñando todas las noches en un seminario para parejas. Había buena asistencia y varios se quedaban para pedir consejos al terminarse las reuniones. Durante el día estábamos trabajando juntos, escribiendo los primeros capítulos de este libro, porque muchos habían pedido tener en forma escrita una enseñanza sencilla y clara sobre la familia.

Llegamos sudando a la iglesia. Le pedí a mi esposo que me ayudara llevando a la plataforma una mesita para poner mis libros y ayudas visuales. Siempre es muy caballero y me ayuda en todo.

—¿Estás segura de que necesitas esa mesa? —me preguntó.

Una pregunta sencilla, pero el enemigo del hogar supo que si podía sembrar un disgusto entre los que enseñaban, habría cortado la bendición para muchos.

Me sentí herida en mi dignidad propia. Pensaba entre mí si él quería mi ayuda, porque no llevaba la mesa a la plataforma sin preguntarme. "Al fin y al cabo, cuando viajo sola dando cursos", pensaba dentro de mí, "siempre me consiguen una mesa sin preguntarme el porqué." De repente, sobre mi enojo el enemigo comenzó a descorrer el telón de una escena que yo pensaba sepultada en el olvido desde hacía muchos años.

Se trataba de un día al final de nuestro primer año de matrimonio. Yo estaba colgando ropa mojada en unas cuerdas fuera de la casa. Había 15 grados bajo cero y la ropa se congelaba antes de poderla levantar de la canasta. Mis manos estaban congelándose. Tenía los ojos salpicados de lágrimas por lo intenso que era el frío. Dentro de mí, yo pensaba que, siendo un hombre joven y fuerte, David debía haberme ayudado. Sin embargo, por ser pastor en un pueblo pequeño, él tenía miedo de las lenguas de las chismosas. Mis manos eran delicadas para tocar piano, pero no para congelarse. Yo había dejado un buen empleo con buen sueldo, para casarme y convertirme además en copastora de una iglesia grande. Y sobre todo, estaba perdiendo la línea, porque tenía tres meses de estar encinta. Me sentía desolada, y para colmo, él me esperaba en la puerta de la cocina con su máquina fotográfica para sacarme una foto. ¡La foto de la desdicha!

Cuánto más pensaba en esa escena, más molestia sentía. Al fin me sacudí. Volviendo en sí, me di cuenta de que, si el diablo lograba sembrar semejantes pensamientos y disgustos, yo no podría ni sonreír delante de aquella congregación numerosa. ¿Cómo iba a ministrar? Reconocí la trampa del enemigo y comencé a orar silenciosamente allí en la plataforma. "Dios mío, perdóname, perdóname. Límpiame, lávame. Quítame este recuerdo desagradable y ayúdame a no volver a pensar jamás en las injusticias."

Empezaron a correr las lágrimas del perdón. ¡Cuán dulce era! Me sentí sumergida bajo la sangre eficaz de Cristo. Nuevamente se abrió el fluir de mi comunicación con Dios y con mi esposo y los dos ministramos con unción.

Aquella era una cosa muy pequeña, casi olvidada, pero las cosas pequeñas pueden servir de grandes estorbos. El sabio Salomón lo presentó de esta manera:

La oración en familia 85

"Cazadnos las zorras, las zorras pequeñas, que echan a perder las viñas; porque nuestras viñas están en ciernes."

Cantares 2:15

Los problemas no tienen que ser grandes para estorbar nuestra comunión en la oración. Son las zorras pequeñas las que se introducen imperceptiblemente y dejan tras ellas destrucción en las plantas tiernas de nuestro hogar.

Para mantener el amor al día, tenemos que vivir con el corazón abierto, con la cara descubierta hacia el Señor, y con la vida abierta entre los cónyuges.

BUEN ENCUENTRO

Me agrada mucho la historia de Isaac y la manera en que su criado viajó para buscarle una novia. Me gusta, porque aquí vemos la necesidad de orar en la familia por cada paso que damos. Eliezer oró de esta manera:

"Oh Jehová, Dios de mi señor Abraham, dame, te ruego, el tener hoy *buen encuentro.*"

Génesis 24:12

Con nuestros hijos hemos tomado esta frase como lema para la familia. "Buen encuentro..." en todo lo que la vida da y en todo lo que quita. "Buen encuentro..." en cada paso que juntos planeamos.

Al leer la historia de Isaac y Rebeca nos damos cuenta de que Dios espera la oración nuestra, y después de contestarnos, espera nuestra adoración, como vemos en el versículo 48:

"Me incliné y adoré a Jehová y bendije a Jehová Dios de mi señor Abraham, que me había guiado por camino de verdad."

¿Qué necesita usted para su hogar y su familia?

Pídale a Dios un "buen encuentro". El quiere recibir sus peticiones y sus necesidades, y quiere guiarle. Le deleitará atender sus necesidades y facilitarle todos los pasos de cada día. Abra su Biblia, lea las oraciones de los santos y haga de ellas parte de las oraciones que ascienden a Dios desde su propio hogar. Si hay depresión, enfermedad, falta de recursos, necesidad de trabajo, de sabiduría para guiar a los hijos, de gracia para sanar resentimientos, de fuerzas para trabajar y ministrar, cualquiera que sea su necesidad, Dios promete satisfacerla en Mateo 21:22: "Y todo lo que pidiereis en oración, creyendo, lo recibiréis."

PARA LA VIDA PRACTICA

1. ¿En qué ocasiones han orado por los jóvenes de su hogar?
2. ¿A qué edad puede un niño aprender a orar?
3. ¿Es necesario orar memorizando oraciones especiales?
4. ¿Cómo se puede aprender a orar?
5. ¿En alguna ocasión han sido estorbadas sus oraciones?
   ¿Ha corregido la situación, o sigue con el estorbo?
6. ¿Quién ora en la mesa en su hogar?
7. ¿Quién ora al acostarse?
8. ¿Cuáles oraciones de la Biblia nos ayudan?
9. ¡Sería interesante hacer una lista de personas de las que dice la Biblia que oraron, y anotar también las respuestas que recibieron.
   Algunas veces Dios dice: "Sí." Otras veces, dice: "No." A veces: "Espérate, hijo."
   ¿Conoce estas ocasiones en su vida?
10. Haga una "lista de oración", con personas y necesidades personales. Otra lista podría servir

La oración en familia

para orar con toda la familia. Deje espacio para apuntar la fecha en que recibe la respuesta.

11. En grupo o con los miembros de la familia, separe un tiempo para dar testimonios breves sobre respuestas a la oración, mencionando casos concretos de sanidad y ayuda divina.

12. Busque unos diez versículos de la Biblia que hablen de la oración. Cópielos y apréndalos de memoria.

Capítulo siete

LOS PAPELES EN EL MATRIMONIO

"Someteos unos a otros en el temor de Dios."

(Efesios 5:21)

El hijo de un pastor en cuya casa me hospedaba, me confió lo que le molestaba: — El problema de esta casa es que nunca se sabe quién manda. — Estas palabras las podría haber pronunciado cualquiera de los numerosos hijos frustrados que viven en situaciones caóticas dentro de familias desequilibradas. Es síntoma de enfermedad en las relaciones humanas dentro del hogar.

Toda familia es un pequeño sistema social que comienza con dos personas y aumenta con el nacimiento de los hijos. Para asegurar que las relaciones sean felices y que se logren los objetivos del pequeño grupo, es preciso definir los niveles de autoridad.

Cada miembro de la familia tiene un papel o posición dentro de ella, y cada uno de esos papeles tiene su responsabilidad, con la correspondiente autoridad. Al comienzo hay sólo los papeles de esposo y esposa. Luego se agregan los de padre y madre. Los hijos van tomando cada cual el suyo. Todos ellos presentan responsabilidades diferentes que deben definirse y comprenderse, porque de otro modo, ciertamente, no se sabrá quién manda en la casa. Hay hogares donde mandan los hijos, mientras otros han llegado a una anarquía total.

Para mantener el equilibrio y asegurar el progreso, toda institución tiene que definir sus niveles de autoridad. Alguien tiene que dirigir, mientras los demás deben respetar y obedecer. En cuanto a la familia, vemos la sabiduría de Dios al no dejar esto completamente al criterio humano. El plan divino sitúa al hombre como "cabeza de la mujer" (Efesios 5:23) y con esto lo hace responsable por su esposa y sus hijos. Lo que tratamos en este capítulo es la relación entre esa "cabeza" y el "cuerpo", y la relación de los miembros del "cuerpo" entre sí. Hay una hermosa sensación de protección y salud cuando cada miembro sabe quién es, cuál es el lugar que le corresponde y qué papel desempeña.

En Efesios 5:21-33 a 6:4 tenemos la base bíblica para las relaciones del hogar. Este texto comienza con la palabra clave: *someteos*.

"Someteos unos a otros en el temor de Dios."

A los hombres nos gusta dominar, y al leer esta enseñanza bíblica, preferimos dejar a un lado el versículo 21 y comenzar con el 22, que dice: "Las casadas estén sujetas a sus propios maridos, como al Señor." Hace pocos días leí este versículo en un seminario y todos los hombres dijeron a una voz: "¡Amén!" Tenemos la tendencia a ser dictadores, porque llevamos el machismo metido en la misma sangre. Porque somos hombres, tomamos las decisiones y dictamos las reglas, ya que la misma Biblia nos apoya al decir que las mujeres deben estar sujetas a sus maridos.

Los papeles en el matrimonio 91

¿Dónde quedan entonces el versículo 21 y la reciprocidad de sumisión que demanda? ¿Acaso la mujer también puede participar en el proceso de tomar decisiones en el hogar? ¿Tendrá ella una idea que vale la pena escuchar? ¿Es posible comunicarse entre esposos en un ambiente de franqueza y confianza, y estar los dos de acuerdo con las decisiones tomadas?

El estudio más a fondo de las enseñanzas de Pablo revela que, por cada texto en el que pide que la mujer se someta, hay tres en los que ordena que el hombre *ame* a su esposa. Me gusta mucho la actitud de Betty Jane en este punto. Lo expresa de esta manera cuando los dos participamos en un seminario sobre el matrimonio: "Estoy convencida de que ninguna mujer tendrá problemas para someterse a su esposo, si él la trata como una persona con propia dignidad y la toma en cuenta. Dichosa esa mujer, porque puede descansar en la autoridad de su esposo." La sumisión de Efesios 5:21 es el aceite que hace funcionar el engranaje del hogar. Sin ese aceite, se quema el motor.

La Biblia no nos enseña la dictadura en el hogar. En el plan de Dios, el hombre no es jefe supremo ni tirano. Aun el patriarca Abraham tuvo que aprender sumisión, porque Dios le dijo en una ocasión: "En todo lo que te dijere Sara, oye su voz" (Génesis 21:12). Sara bien sabía que Abraham era la cabeza de aquel grupo de tiendas de campaña del desierto, pero ese hecho no la excluía de la participación en la toma de decisiones en el hogar.

Dentro de nuestros conceptos modernos, diríamos que el hombre es el presidente de una empresa, la "Empresa el hogar", y que la esposa es su vicepresidenta ejecutiva. El presidente es responsable de la solvencia de la empresa, y en ese sentido es su cabeza, pero todo presidente se apoya mucho en su vicepresidente ejecutivo. En el caso del hogar, esa "ayuda idónea" que Dios le dio al hombre sirve de más que de figura decorativa, porque toma parte en el manejo de la empresa. Yo necesito a mi vicepresidenta. Somos socios y trabajamos juntos, y juntos logramos mucho. Como cabeza del hogar, tengo la última palabra, pero antes de pronunciarla, puedo escuchar las ideas de mi "costilla".

Siguiendo con la misma analogía, la esposa tendría cierto portafolio de responsabilidades bien definidas, como lo tendría también el esposo. Como vicepresidenta, ella asume la presidencia en ausencia de él. Al tratarse de la disciplina de los hijos (y aquí tocamos un punto delicado), en ausencia del esposo-padre, ella debe tener no sólo la responsabilidad, sino también la autoridad correspondiente para disciplinarlos. Al delegar en su esposa esa autoridad, el esposo tiene que apoyarla y protegerla en su posición frente a los hijos. Así se produce para ella un ambiente de seguridad y puede apoyarse en el hecho de que no está luchando sola en la disciplina de los hijos.

Cuando no se define bien el papel de la esposa-madre, se producen problemas de ambigüedad que provocan una constante confusión, tanto en los padres como en los hijos. Si el hijo comete alguna travesura, la madre lo amenaza: —Espérate, que vas a ver cuando llegue a casa tu papá. —Esperar al padre es esperar con horror. Cuando llega él, agotado de sus labores del día, tiene que enfrentarse con los problemas pendientes.

Por otro lado, tenemos a la madre que agota las fuerzas en tratar de disciplinar a sus tres o cuatro hijos durante todo el día. Al llegar él a la casa, ella

Los papeles en el matrimonio 93

está toda atribulada con los preparativos de la cena, y con los hijos trata de seguir el mismo sistema que utilizó durante la ausencia del padre. Llora un hijo, y el padre le dice: —Pobrecito, ven con tu papá, mi amor... ¿Qué está haciendo mamá, maltratándote de esa manera? —Y los mima.

Sí, muchas veces los hombres mimamos a las criaturitas, sabiendo que tenemos muy poco tiempo con ellos. Buscamos llenar nuestra propia necesidad de cariño, olvidándonos de que, como padres, tenemos la responsabilidad de ayudar en su preparación para la vida como personas completas y bien disciplinadas. Somos como los abuelos mimosos, y al día siguiente la esposa-madre tiene que enfrentarse sola con los problemas de disciplinar a los hijos.

¿Y los hijos? Son muy despiertos, y con su picardía innata saben a dónde ir y cómo manipular las cosas cuando no hay un buen acuerdo entre los padres. La otra cara de la moneda nos revela que los hijos aprenden el respeto cuando ven al padre amar y respetar a su esposa.

Como la madre es la persona que más tiempo pasa con los hijos, ella debe tener no sólo la responsabilidad sino también la autoridad para disciplinar a los hijos en ausencia del padre. Cuando llegue éste, los dos deben hablar una misma cosa, nunca contradecirse, puesto que son conjuntamente responsables por el bienestar de la familia. El padre, como cabeza del hogar, no debe dejar toda la responsabilidad con los hijos a la madre, porque él no es un espectador de teatro, sino el líder espiritual, protector, proveedor, maestro y sacerdote de la familia.

Como presidente de la empresa, el hombre es responsable de mucho más que de ganar el dinero para el pan de cada día. Tiene que velar por el bienestar total de la familia.

Los papeles que tienen que desempeñarse dentro de una familia no llevan etiquetas que especifiquen el sexo. Aunque cada cultura dicte ciertas normas en cuanto a lo que debe hacer el hombre y lo que debe hacer la mujer, más vale la salud de los miembros de la familia que mantenernos rígidamente aferrados a las ideas de "esto es trabajo de mujer" o "esto no es trabajo de hombre".

FLEXIBILIDAD

A mí me costó mucho aprender la lección de la flexibilidad en cuanto a los papeles. Desde mi niñez tenía un concepto muy delineado en cuanto a lo que debe y lo que no debe hacer un hombre en la casa. La heredé de mi papá, bendiga Dios la memoria de aquel patriarca alemán. Por ejemplo, al principio de nuestro matrimonio decidí que nunca lavaría pañales de niños. Hacer semejante trabajo de mujer rebajaría por completo mi posición como hombre. Además, era pastor al mismo tiempo.

La lección me llegó al nacer Rocky en Cochabamba. Los meses de embarazo fueron los mismos meses que estuvimos estudiando el idioma durante los primeros tiempos como misioneros en Bolivia. Yo me enfermé de hepatitis y mientras Betty Jane me atendía durante seis semanas de enfermedad, ella también cayó en cama, no sólo con la misma hepatitis, sino también con unas hemorragias que pusieron en peligro la vida, tanto de ella como del niño. El parto resultó sumamente difícil, pero tuvimos la alegría de recibir a un hermoso hijo varón. Y yo tuve el privilegio de bañarlo y atenderlo en todas sus necesidades durante sus primeras semanas de vida. Betty seguía muy delicada. Fueron semanas en

Los papeles en el matrimonio 95

que solamente yo pude atender a aquel hombrecito. La experiencia nos sirvió para llevarnos a un nuevo plano de cariñosa comprensión como esposos.

CAMBIO DE PAPELES

Sería buena idea cambiar de papeles alguna vez, aunque sea sólo por un día. Yo sé muy poco acerca de la cocina, y no me interesa saber mucho. Supongo que será porque al salir al ministerio, recién graduado del instituto bíblico, pasé todo un año como pastor soltero. Al mismo tiempo que estaba construyendo una casa pastoral, tenía que preparar mi propio alimento. El dinero de las ofrendas no alcanzaba para comer en un restaurante, y por la fuerza tuve que enfrentarme con la cocina. Tenía una cocinilla eléctrica de una sola hornilla, y aprendí sólo el uso de la sartén. Huevos, papas, carne... todo en la sartén. Aumenté ocho kilos de peso, a pesar del arduo trabajo de construcción y ministerio, porque todo lo comía frito.

Al llegar el día de nuestro matrimonio y ver a Betty Jane dentro de aquella casita construida por mí, me maravillaba a diario al probar sus artes culinarias. Tampoco me olvidaba de los días en que yo tenía que hacerlo todo: cocinar, lavar los platos y la sartén, limpiar los pisos y hablarme a mí mismo. El hecho de haber usado el delantal me preparó para apreciar más a mi esposa y darme cuenta de las innumerables horas que la mujer invierte en la cocina.

Ya hace quince años que viajo en las labores del Instituto de Superación Ministerial. Paso un mes entero en diferentes ciudades del continente, viviendo donde los hermanos me preparan alojamiento. Casi siempre me esperan cuatro semanas en que tengo que lavar mi propia ropa, colgándola para secar con unas cuerdas en el baño. ¿Plancharla? Eso no lo he aprendido, y doy gracias a Dios por las camisas modernas de esa tela que no lo requiere. ¿Se imagina cómo estoy cuando llego a casa? Por cierto, muy contento de no tener que preocuparme de la ropa ni de la comida. Pero sí, cada vez con un nuevo aprecio por el trabajo que pasa mi esposa al atenderme en todas estas necesidades. Me hace bien cambiar de papeles de vez en cuando. Con mucha espontaneidad le digo a Betty Jane: — Gracias por las camisas planchadas... Gracias por tan lindo almuerzo... Oyeme, este postre está exquisito.

SEGUN SUS CAPACIDADES

Al asignar los papeles dentro de la familia, se deben tomar en cuenta las habilidades de las diferentes personas. Cada cual tiene puntos fuertes y débiles. No es que una sola persona deba hacerlo todo. El esposo no tiene que ser el "hombre orquesta" que lo maneja todo. Dios también les otorga dones a sus siervas. Los hombres debemos reconocer cuáles son los dones que Dios le ha otorgado a nuestra esposa, y ayudarla a desarrollarlo al máximo. Así ella se sentirá mucho más realizada.

Normalmente, se supone que el hombre es el más indicado para manejar todo el aspecto económico de la familia, aunque puede suceder que la mujer tenga más capacidad que el hombre para llevar cuentas. Hay familias que toda la vida andan desorganizadas en cuanto a su economía, porque entre las muchas capacidades que tiene el esposo, no está incluida la de saber administrar. Recibe el dinero y lo gasta sin recordar dónde ni en qué. No sabe ni quiere saber nada de hacer un presupuesto. Llega el fin del mes y no hay dinero para pagar las cuentas.

Es imprescindible fijar un presupuesto desde el principio de la vida matrimonial, y que ambos estén de acuerdo en cumplir sus demandas. Ni el esposo ni la esposa debe actuar arbitrariamente en el manejo del dinero. Hay mucha propaganda que promete que "todo puede comprarse a plazos cómodos", pero esta tentación muchas veces hace estragos en el presupuesto.

EL YUGO

La relación entre esposos es como la imagen del yugo que vemos en varias partes de la Biblia. Pablo dice: "No os unáis en yugo desigual con los incrédulos" (2 Corintios 6:14). También hay yugos desiguales, aunque los dos sean creyentes, si no se consideran los dos como personas completas, lado a lado, a la misma altura, hombro con hombro para trabajar en armonía. Pedro describe esta relación diciendo que somos coherederos de la gracia de la vida (1 Pedro 3:7).

En la agricultura, el yugo une a dos bueyes para el trabajo. Uno solo no puede arar la tierra; se necesita la fuerza y cooperación de los dos. Tampoco es posible unir un buey con un burro, porque ni con un yugo fuerte se podrían mantener ambos unidos. Así es también la relación de trabajo dentro del matrimonio. Nos unimos para de esa manera lograr lo que uno solo no puede lograr.

Cristo nos hace ver un gran secreto del trabajo como compañeros de yugo:

> "Llevad mi yugo sobre vosotros, y aprended de mí, que soy manso y humilde de corazón."
> (Mateo 11:29)

Llevar el yugo demanda mansedumbre. Que yo esté en el yugo con Cristo, quiere decir que me entrego a su voluntad y dirección. Aprendo de Él. Bajo la cabeza para recibir el yugo. La unión en el yugo del matrimonio requiere la misma entrega. Los dos tienen que caminar al mismo compás, seguir el mismo ritmo. Al uno le toca ceder si siente que el otro está cansado. Es otro ejemplo de la comunicación no-verbal. Es someterse el uno al otro, y juntos lograr un trabajo extraordinario.

PAPELES MULTIPLES

En nuestro mundo moderno, la felicidad del hogar se ve amenazada constantemente por la multiplicidad de los papeles que ocupamos fuera del hogar. Al salir por la puerta de su casa, el hombre es jefe de taller, dueño de un negocio, supervisor de personal en una fábrica, profesional en una oficina, o administrador de correos. El peligro se encuentra en regresar a la casa y olvidarse de cambiar la "gorra" de aquel papel, actuando dentro de casa como si estuviera en su lugar de trabajo. Lo mismo pasa con los que trabajan en la obra del Señor. Muchos pastores tienen grandes éxitos en el púlpito, pero fracasan en su propio hogar. Es que se olvidan de "cambiar de gorra" al llegar a la casa. Cuando están con su familia, no son "el señor pastor".

Dentro de la casa, uno no es ni capataz ni director, sino esposo y padre. La esposa no es una empleada a quien debamos dar órdenes y asignar trabajos. El pastor no puede tratar a su esposa como a una de sus feligresas. En este momento, me acuerdo de las muchas "gorras" que tuve que llevar durante los años de nuestro ministerio en Bolivia: superintendente nacional, director del Centro Evangelístico, presbítero de la zona andina, director de dos institutos bíblicos, pastor, profesor, jefe del grupo misionero... pero dentro de casa, esposo y padre. Me costó muchos ensayos lograr un poco de destreza en ponerme y quitarme las gorras. Bienaventurado el hombre que puede descargar los problemas de sus múltiples papeles en la puerta de su casa para cambiar de "gorra" (papel) y ponerse la que corresponde al hogar.

Tal como sus actividades fuera de casa lo demandan, él tiene que invertir interés, tiempo y esfuerzo para tener éxito dentro de su casa. El momento de llegar a casa no es el adecuado para descargar los nervios desgastados por los problemas del día. El mismo esmero que demandaba llevarse bien en el lugar de trabajo, tiene que ponerse en acción en el hogar. La familia necesita no sólo la presencia física del esposo-padre, sino también su presencia mental y espiritual.

Lo mismo diríamos de la mujer que tiene su empleo fuera de casa. Al pasar por el umbral de su propio hogar, ella se convierte nuevamente en esposa y madre, con toda la ternura que corresponde a esa posición.

MUCHAS GORRAS

En la ausencia del esposo-padre, la mujer tiene que desempeñar todos los papeles de ambos y enfrentarse con todas las responsabilidades del hogar. Es a la vez maestra, cocinera, consejera, enfermera, administradora y madre. Además de los problemas normales de la familia, se presentan emergencias. Debe ser algo muy difícil, especialmente en las familias donde por su trabajo, el esposo tiene que ausentarse por períodos largos.

Estábamos en la puerta de un templo, viendo al

pastor despedirse de su congregación, cuando por casualidad escuchamos que una señora le decía: —Gracias a Dios, al fin mañana mi esposo sale de viaje, y todo volverá a la normalidad. —Nos sorprendieron sus palabras y nos preguntamos por qué estaría contenta de que su esposo saliera de viaje. Al interrogar más tarde al pastor, nos dijo que aquel hombre era vendedor ambulante y que durante dieciocho años había viajado cada semana de lunes a viernes, llegando a la casa sólo para sábado y domingo. Hacía dos meses que se había fracturado una pierna, teniendo que internarse en un hospital. La esposa tenía que visitarlo todos los días, además de cumplir con las responsabilidades de los dos hijos y de la casa. En la misma época, ella estaba pintando la casa. Al salir del hospital, el esposo se quedó en casa por tres semanas, convaleciente. Sentado en su sillón, observaba que su esposa no hacía nada de una forma que le agradara. No le gustaba cómo estaban colocados los muebles, ni la manera en que disciplinaba a sus hijos. Para colmo le comentó: —Mira, hija, al pintar la casa te olvidaste pintar ese pedacito del umbral. —Esta es la razón por la que aquella mujer le confesó al pastor que aguantar a su esposo dos días por semana no le costaba tanto, pero ¡otra cosa era enfrentarse con él los siete días de la semana! Mientras él se hallaba en sus acostumbrados viajes y ausencias, ella se había encargado de todo lo necesario para el bienestar de la casa y la familia, sin tener que soportar la crítica contínua de su marido.

Durante mis muchas ausencias de casa, Betty Jane ha tenido que llevar, tanto las gorras de ella misma como las mías... Ha arreglado máquinas (¡que siempre se descomponen cuando estoy de viaje!), ha manejado martillo y pinzas, arreglado las lamparas, cuidado del auto y administrado debidamente el dinero para que alcance. ¡Ha hecho de todo! Pero ella ha aprendido un gran secreto que toda mujer debe aprender. Cuando su esposo regresa de sus viajes a la casa, ella se quita todos aquellos sombreros y gorras que le pertenecen al hombre y vuelve a ser única y preciosamente mujer. No trata de retener el cargo de presidenta o directora. No se queda con la batuta en la mano. Se vuelve bonita, tierna y dulce. Ya no sabe nada de arreglar cables eléctricos, ni necesita hablar con mecánicos o abogados. Nuevamente se somente a su esposo, y yo gustosamente la amo y la cuido.

¡Que feliz el hogar donde cada persona comprende el papel que le corresponde y goza del apoyo de los demás mientras van creciendo en amor!

PARA LA VIDA PRACTICA

1. ¿Cuáles son los papeles que usted desempeña actualmente en su vida dentro del hogar? ¿Y su compañero(a)?
2. ¿Quién disciplina a sus hijos?
3. ¿Cuáles son las responsabilidades del presidente de una empresa? ¿del vicepresidente?
4. ¿Quién debe llevar la contabilidad en un hogar? Para tomar esta decisión, ¿qué consideraciones deben tomarse en cuenta?
5. ¿Cómo podemos enseñar a nuestros hijos a ser más abiertos y flexibles en cuanto a los papeles, para evitarles complejos si es que tienen que llegar a cumplir todos los papeles dentro de su hogar?
6. ¿En qué ocasiones ha tenido usted que hacer trabajos que le parecían propios únicamente de

mujeres, siendo hombre? ¿o de hombres, siendo mujer?
7. Entre varios, conversen sobre el significado práctico de Efesios 5:21: "Someteos unos a otros en el temor de Dios."

Capítulo ocho

INSPIRANDO LA FE DE LOS HIJOS

"Lámpara es a mis pies tu palabra y lumbrera a mi camino."
(Salmo 119:105)

Cuando nuestra hija Raquel salió de la Argentina para ir al instituto bíblico en los Estados Unidos, escogió una asignatura llamada "Hogar y familia". Al escribirnos dijo: "Me admiro, porque este libro de texto se escribió sólo hace tres años, y la manera en que ustedes nos criaron en casa era exactamente lo que sugiere el libro. ¿De dónde lo aprendieron?" Nos reímos, porque nuestro libro de texto ha sido la Palabra de Dios.

LAMPARA A MIS PIES

Los padres tienen la responsabilidad de enseñar a sus hijos en el hogar. "Instruye al niño en su camino, y aún cuando fuere viejo no se apartará de él," nos dice Proverbios 22:6. A veces tenemos la tentación de pensar que los hijos lo pueden aprender todo en las clases de la escuela dominical y no nos tomamos tiempo en el hogar para enseñarles. En realidad, una hora por semana es muy poco para la formación adecuada del niño en cuanto a su fe.

Pablo le escribe a su hijo en la fe, Timoteo, y le recuerda: "Desde la niñez has sabido las Sagradas Escrituras, las cuales te pueden hacer sabio para la salvación por la fe que es en Cristo Jesús." A pesar del hecho que el padre de Timoteo era gentil, griego, y su madre sola tenía que enseñarle las Escrituras, Timoteo estaba lleno de la Palabra sagrada, que había aprendido desde la niñez. Una base bíblica como esta es la que puede guardar a nuestros hijos también de las influencias destructivas que hoy siembran pecado y egoísmo en las escuelas y en la calle donde se relacionan con sus compañeros.

David dice esto mismo en el Salmo 119:9 al hacer la pregunta: "¿Con qué limpiará el joven su camino? Con guardar tu palabra." En el versículo 10 agrega: "En mi corazón he guardado tus dichos para no pecar contra ti." El salmista nos hace ver la suma importancia que tiene el conocimiento bíblico al declarar en el versículo 105 del mismo Salmo: "Lámpara es a mis pies tu palabra y lumbrera a mi camino." Cuando hemos memorizado la Palabra de Dios, podremos guardar nuestra vida en el momento de la tentación o problema. Si tenemos llenos el corazón y la vida con la Palabra de Dios, esto va a guardarnos de las garras del enemigo.

Dicen que Dios no tiene nietos. Cada cual necesita tener una experiencia propia, personal, e íntima con Dios. El cultivo de una fe propia y personal en la vida de nuestros hijos viene cuando memorizan la Palabra de Dios. El Espíritu Santo es fiel para hacerles recordar un texto en el momento de decisión y guardarlos del pecado.

Cuando era joven y tenía que tomar una decisión

difícil, muchas veces mi padre me decía: —Te hemos enseñado; ahora confiamos que escogerás bien. La decisión es tuya. — Esto era mucho antes de publicarse los numerosos libros que existen sobre la familia. Era antes también de que se generalizara la idea de dejar que los jóvenes pensaran y decidieran por ellos mismos. Aunque mi padre era figura de autoridad, tenía un espíritu dócil y buscaba lo mejor para sus hijos. Yo no lo hubiera ofendido por nada. Nos criamos en un ambiente de confianza. El nos enseñó la Palabra de Dios y esto me ha sostenido firme en medio de las muchas tentaciones y decisiones de la vida.

Un ratoncito puede vivir en una caja de pan, pero esto no lo convierte en pan. Igualmente, si un niño nace en un hogar de padres cristianos, no quiere decir esto que tenga asegurada una salvación automática. Esto exige enseñanza, instrucción, educación, charlas, paciencia y cariño. Sobre todo, la inspiración de una vida ejemplar. Para mí, es de suma importancia confiar en los hijos después de haberles enseñado.

LOS PATITOS DICEN...

Vivimos en un sector de la ciudad donde hay muchos canales y en estas aguas tranquilas se crían patos sin dueño alguno. Al mismo lado del canal están las calles y pasan los automóviles. Muchas veces uno puede ver a una "señora pata" cruzar la calle seguida por diez o más patitos amarillos, todavía con sus plumones de recién salidos del cascarón.

Una tarde ví algo diferente. Los patitos pequeños siempre siguen a la madre. Esta vez se trataba de un patito adolescente. Todavía no era pato, pero tampoco era un "patito". Su plumaje había cambiado y en lugar de amarillo, era gris con manchas negras. Andaba con la cabeza erguida, muy orgulloso, mientras cruzaba la calle. Detrás de él caminaba la madre, preocupada, mirando cómo protegerlo de los autos o de los chicos con piedras. Se mantenía cerca de él, pero no lo picoteaba, ni rezongaba. Simplemente estaba cuidándolo, siguiéndolo como para decir: "Sí, ya sé que estás casi listo para independizarte, pero todavía te protejo con mi presencia."

Detuve mi auto para meditar un momento. Me hizo pensar que así es con nuestros hijos. Esto es lo que significa instruir. Es estar cerca de los hijos para enseñar, platicar, charlar y dar buen ejemplo. Luego viene el día en que el hijo escoge amigos que no son de la predilección nuestra, y toma decisiones un poco diferentes a las nuestras. En vez de enojarnos y crear mal ambiente, es mejor simplemente que nos mantengamos cerca. Así le inspiramos la confianza de que, si llega el momento en que todo no marche como él había pensado, todavía nos encuentra cerca, sosteniéndolo con nuestro cariño y nuestras oraciones, y puede buscar nuestro consejo. Estamos cerca para afirmarlo como persona.

A veces yo descubría notas o indicios en los cuartos de nuestro hogar, que me indicaban que nuestros hijos andaban con sus amigos en decisiones que nos podrían causar preocupación. Sin embargo, nunca puse al descubierto el asunto. Más bien seguía orando, respaldándolos en todo, asegurándolos con el apoyo del hogar.

Es muy posible que si nos precipitamos a rezongar, llamar la atención o gritar, los chicos se vuelvan sordos y respondan con la misma gritone-

Inspirando la fe de los hijos 107

ría. Sin embargo, ellos tienen que darse cuenta de quién manda en la casa, y demostrar respeto.

LA PALABRA NOS GUIA

En Deuteronomio 6:5-9, el "libro de texto" nos proporciona una enseñanza de gran importancia para el hogar:

> "Y amarás a Jehová tu Dios de todo tu corazón, y de toda tu alma, y con todas tus fuerzas.
> Y estas palabras que yo te mando hoy, estarán sobre tu corazón; y las repetirás a tus hijos, y hablarás de ellas estando en tu casa, y andando por el camino, y al acostarte, y cuando te levantes.
> Y las atarás como una señal en tu mano, y estarán como frontales entre tus ojos;
> Y las escribirás en los postes de tu casa, y en tus puertas."

Si en verdad los padres cumplen el versículo 5 y aman a Dios con todo el corazón, entonces la trasmisión de su Palabra será de corazón a corazón, y será más que la repetición verbal de preceptos. Será vivir el ejemplo del amor de Dios. Se trata de la trasmisión de bienes espirituales a los hijos.

Me gusta pensar que aquí Dios nos da "la ley del CAFÉ", ¡ya que tanto nos gusta el café! Tenemos que amar a Dios con todo el:

Corazón
Alma
Fuerza
Espíritu

Encontramos casi las mismas palabras textualmente en el Nuevo Testamento, en Lucas 10:27 y Mateo 22:36-40. Cuando los padres amen a Dios con todo su ser, les será fácil enseñar a los hijos, primero con el ejemplo, y en todo momento con el precepto. Somos transparentes.

¿DONDE? ¿COMO? ¿CUANDO?

Tenemos que enseñar y repetir la Palabra de Dios:

1. *"Estando en tu casa"* — En el hogar, en la mesa. Todo lo que hacemos en el hogar lo perciben los hijos. Estamos enseñando todos los días, y en cada momento. Tenemos que cuidarnos en lo que hablamos en el hogar. ¿Son las quejas o las riñas las que llenan la conversación en la mesa? Pensar con anticipación para hablar de la lección de la escuela dominical, o la predicación, o las clases de su escuela, o algún texto bíblico para el día, da resultados óptimos.

"De tal palo, tal astilla." Este refrán es tan cierto para el bien como para el mal. Los niños se dan cuenta de lo que hablamos en la casa y son un reflejo de nosotros.

2. *"Por el camino"* — Si tenemos que tomar transporte público para llegar a la iglesia o al mercado, ¿ocupamos el tiempo en enseñar a nuestros hijos con una actitud sana? Podemos orar por la persona que está manejando y por los que nos acompañan en el vehículo. Si vamos a un picnic en un auto, camión o autobús, o en bicicleta, podemos enseñarles lo que es ser cristiano con nuestro ejemplo pacífico. Podemos prestar atención a la belleza de la naturaleza, a las flores, los pájaros, o aun charlar de la necesidad de ayudar a los desafortunados. A veces nosotros jugamos en el auto cuando tenemos que pasar muchas horas en el camino para ir a las iglesias a predicar. (Vea al final de este capítulo la descripción del juego bíblico.)

Muchas veces el tiempo que dura el viaje para llegar a los cultos o a la escuela dominical resulta un

Inspirando la fe de los hijos 109

tiempo lleno de riñas y peleas. Parece que el diablo bien sabe cómo sembrar la inquietud quince minutos antes del culto. Para no dar lugar al enemigo, hablemos de la Palabra "en el camino". Alabemos al Señor con coros al viajar, preparando así nuestro corazón para el culto.

3. *"Al acostarte"* — Al llegar la noche, debemos volver a entregar el día al Señor. Debemos reflexionar sobre lo que hemos hecho durante el día, pedir perdón por las faltas y encomendarnos al Señor, de tal manera que si su venida tiene lugar durante la noche, estemos listos para ir con El.

> El Salmo 4:8 dice: "En paz me acostaré, y asimismo dormiré; porque sólo tú, Jehová, me haces vivir confiado."
>
> Es hermoso acostarse con esa confianza, sabiendo que El está alrededor nuestro. Dormirse así es un acto de fe.

4. *"Cuando te levantes"* — Muchas veces nos afanamos al levantarnos. Tal vez no hay pan fresco, o falta leche, o al poner la leche a hervir para café con leche, se corta. A veces perdemos la paciencia desde el primer momento del día. Mi padre siempre leía el Salmo 118:24 cuando estábamos juntos: "Este es el día que hizo Jehová; nos gozaremos y alegraremos en él."

Debemos tomar tiempo desde el momento de levantarnos en la mañana para orar, hablar de Dios y reconocer que todo lo bueno viene de su mano. A veces pensamos que la maestra de la escuela dominical es la que les debe enseñar todo a nuestros hijos, pero ellos absorben en el hogar más de lo que pueden aprender en una media hora en la escuela dominical. La fe se contagia.

EN LOS POSTES DE TU CASA

Los versículos 8 y 9 dicen que la Palabra de Dios debe estar escrita en nuestras manos y frontales, y sobre los postes y puertas de nuestra casa. Para nuestros tiempos, esto no puede interpretarse literalmente. Mas bien, "en las manos" se refiere a lo que hacemos y "en los frontales" a lo que leemos y memorizamos. Dios quiere que tengamos la Palabra abierta en nuestro hogar. Los libros y revistas tienen impacto en sus vidas. ¿Qué es lo que tienen para leer en su casa? Puede escoger un rincón especial en algún lugar de la casa para tener allí revistas sanas y artículos que puedan guiar a la familia.

Dios quiere que tengamos la Palabra escrita sobre las delicadas tablas de nuestra mente y corazón. Hay un hermoso coro que dice:

Dame un nuevo corazón
Que te alabe noche y día;
Dame un nuevo corazón.
Oh Jesús, tú eres mi guía.
Dame un nuevo corazón
Y que sea morada tuya;
Dame un nuevo corazón,
Dame un nuevo corazón, aleluya.

Si en nuestro hogar cumplimos con la sana enseñanza de Deuteronomio 6, hasta los vecinos se darán cuenta de que somos cristianos. "Yo y mi casa serviremos a Jehová", dijo Josué. ¡Digámoslo nosotros también!

LEMAS

En Panamá vimos que en las carreteras había unos carteles grandes con estas palabras: Estudio, honra y disciplina. Sin embargo, cuando mi esposo

Inspirando la fe de los hijos 111

regresó de Cuba, comentaba la profunda impresión que recibió al ver muchos carteles que decían: ¡Estudio, trabajo y fusil! Los lemas se aprenden de memoria, como también se puede aprender la sana Palabra de Dios. Al preguntarle mi esposo al guía que le estaba mostrando al grupo las aulas de una "comunidad agrícola", si a los niños se les ofrecía la opción de aprender algo acerca de Dios, éste le respondió: — No, señor; aquí no tenemos ninguna necesidad de Dios.

Los hijos aprenden mucho a través de los lemas que los rodean por todas partes. No todos inspiran fe, ni moralidad. Impresionante y triste. La diferencia se verá si su generación resulta atea o creyente. De todas maneras y por todos los medios tenemos que asegurar a nuestros hijos, e inspirar en ellos una fe firme que sirva para todas las facetas de su vida.

Pablo dice en Romanos 10:17: "Así que la fe es por el oír, y el oír, por la palabra de Dios." ¡Que ese oír de la Palabra sea dentro de las paredes de nuestro hogar!

Durante los muchos años que ministramos en La Paz, Bolivia, nuestros tres hijos prácticamente se criaron en los bancos de la iglesia. Bien sabían cómo tenían que portarse en los cultos. Yo tocaba el piano y tenía que estar adelante. Cuando ellos eran pequeños, tenían que estar en el primer banco, quietos, sin caminar por los pasillos. Cuando ya eran más grandes, yo sabía dónde estaban sentados. Si empezaban a hacer ruido o a charlar con sus amigos, yo chasqueaba los dedos. En seguida los tres me miraban. ¡Un día Rocky me dijo que yo tenía ojos en ambos lados de la cabeza! La verdad es que una madre tiene que estar atenta a lo que están haciendo sus hijos.

¡RESPONSABLE! ¡RESPONSABLE!

Cuando Mona Rae tenía doce años, tuve que salir con mi esposo a un viaje de cinco semanas. Fuimos a visitar los Institutos Bíblicos en la Argentina, Paraguay, y Uruguay, dejando los tres hijos en nuestro hogar con una pareja joven. Al volver de tan largo viaje, nos esperaban unas cuantas sorpresas. Varias llaves se habían extraviado. El amigo había aplastado la bicicleta de Rocky, y alguien dejó abierta la reja y dejó escapar al perro. Me acerqué a Mona Rae para decirle: — ¡Hijita, tienes que ser más responsable!

— Aaay, mamita! ¡Responsable, responsable! ¡Estoy harta de ser responsable! — ella me contestó. Era muy cierto que, para su edad, se portaba de manera muy responsable, puesto que había tenido que supervisar a la misma pareja de jóvenes que estaba acompañándolos.

Los hijos toman responsabilidad cuando depositamos nuestra confianza en ellos.

AFIRMAR O DESANIMAR

Nuestra manera de hablar deja huellas en los hijos. Una vez escuché a una madre decir: — Yo no quería tener más de dos hijos. Estos dos últimos no me gustan. — Después de algunos años, culpaba a Dios de que esos dos no anduvieran por sus caminos. Tomaban licor, usaban drogas, se estaban arruinando la vida y hacían sufrir grandemente a sus padres.

En los hogares de pastores hay muchos días en que el padre tiene que estar fuera de casa ministrando, predicando, y aconsejando. Sin embargo, es importante encontrar un tiempo para estar juntos. Ya hemos hablado de la importancia de jugar,

Inspirando la fe de los hijos 113

charlar y enseñar. En el capítulo seis de este libro tratamos el tema de enseñar a orar a los hijos, y damos sugerencias sobre el culto familiar.

Se puede oír a muchas madres compadeciéndose de ellas mismas y de sus hijos: — ¡Pobrecitos! El papá nunca está en casa; estamos abandonados. Siempre está corriendo a favor del reino de Dios y no piensa en su propia casa. — ¿Qué clase de niños se producen con esta actitud? Mal educados, iracundos y acomplejados.

A veces oigo a madres decir de sus niños: — ¡Este diablito! No hace nada, no me obedece, no lo puedo controlar. — Tenga cuidado, madre. ¿Quién engendró a ese "diablito"? Además, si el niño escucha decir que es un diablito, cualquier día se acomodará a su "papel".

Más bien tenemos que asumir una actitud positiva y darles seguridad: — Tú eres bueno; te quiero; tú puedes hacerlo; tengo confianza en ti.

En mi última visita a la Argentina, Rocky me llevó en el auto al otro extremo de la ciudad de Buenos Aires para predicar en una iglesia. En el camino le pregunté: — Hijo, ¿cómo sientes que fueron las cosas en tu corazón cuando tu papá tenía que estar fuera de la casa tanto, durante nuestros años en Bolivia? ¿Tienes algún resentimiento?

Pensativo, me miró y me contestó: — Mami, yo no puedo recordar que papá no estuviera con nosotros todo el tiempo. Ni me acuerdo de que estuviera ausente.

¡Qué hermoso! ¡Las dos hijas me dijeron lo mismo! Es que llenamos la casa de alegría, fe y paz. Siempre hablamos como si mi esposo estuviera presente. Su silla estaba siempre a la cabeza de la mesa y aun durante los largos meses que pasaba en el campo enseñando, lejos de nosotros, ellos no se daban cuenta porque no hacíamos hincapié en su ausencia. Parecía que estaba presente siempre con nosotros. Es verdad que yo, como esposa, sentía mucho su ausencia, pero no permitía que mis hijos compartieran ese sentimiento.

CALIDAD, NO SOLO CANTIDAD

Tengo en mis archivos una carta que Rocky nos escribió desde la Argentina. Reflexionando sobre los años de su niñez, comentaba: "Me siento muy enriquecido. Me doy cuenta de que en casa vivíamos momentos de calidad, no sólo de cantidad. Gracias... porque juntos jugábamos, nos reíamos, aun silbábamos dúos con papá. Juntos leíamos libros. En los viajes dormíamos en bolsas de dormir, protegiéndonos del cruel frío cuando íbamos a regiones aisladas para evangelizar. Ibamos juntos todos los miembros de la familia a reuniones al aire libre para cantar y testificar, vender Biblias, repartir tratados e invitaciones..."

Me pregunto: ¿Todo esto a pesar de estar ocupados día y noche en la obra, tanto en la ciudad como en las provincias? Lo que Rocky aprendió durante aquellos años de su desarrollo, hoy lo pone en práctica en su propia familia. A pesar de sus múltiples responsabilidades en el Instituto Bíblico y en la obra, busca tiempo para "vivir momentos de calidad" con Sherry, Natán y Larisa.

AGRADECIDA

En cada país donde ministro en seminarios sobre la familia, siempre leo esta carta que nuestra hija Mona Rae nos escribió la noche del día en que cumplió veintiocho años. Me parece que demuestra el crecimiento de la fe en la vida de los hijos.

"Mis queridos mami y papi:

Inspirando la fe de los hijos

La casa duerme y le estoy dando gracias al Señor por el magnífico año que cumplo hoy. En primer lugar en mi lista están ustedes, mis dos padres tan queridos.

Estoy muy agradecida porque durante el verano estuvimos juntos unos días en Springfield, y mami vino a casa este otoño. Son las experiencias cumbre de mi año.

¿Cómo puedo agradecer lo suficientemente a Dios por permitirme crecer en su hogar?

He tenido el privilegio de criarme al lado de dos personas muy especiales que no solamente han sido mis padres en sentido físico, sino también mis maestros espirituales y sacerdotes, experimentados en la oración.

He disfrutado ejemplos verdaderos de amor, y gozado la riqueza de dos vidas abiertas a los demás y vividas sin egoísmos.

No sólo me han hablado de la vida. Me han *demostrado* lo que es vivir plenamente.

> Muchas gracias por su amor,
> por sus miles de lágrimas y oraciones,
> por hacerme atractiva la obra de Dios,
> por tenerme confianza y permitirme tomar mis propias decisiones,
> por costear mis clases de arte con una profesora buena,
> por llevarme muchas veces al dentista,
> por inculcarme el aprecio hacia las flores y la belleza,
> por correr conmigo a las cinco de la madrugada,
> por querer a mis amigos,
> por planificar viajes especiales con toda la familia,

>   por las numerosas cartas,
>   por los recuerdos de los conciertos de música,
>   por llevarnos a comer en el pequeño restaurante 'de las cortinas' en la Paz,
>   por mi cuarto propio y mis buenos libros,
>   por las fiestas especiales de cumpleaños con pastel de zapallo,
>   por mi boda tan hermosa,
>   por comer helados conmigo durante el seminario del ISUM en San Salvador,
>   por escuchar música contemporánea juntamente conmigo,
>   por acompañarnos a los campamentos de jóvenes,
>   por enseñarme a comprar lo bueno cuando tiene precios de ocasión,
>   por corregir mis trabajos del colegio,
>   por amar a mi esposo,
>   por darme un sentido de estimación propia y dignidad,
>   por enseñarme lo que es la verdad.
>
> Los quiero, los quiero y les doy gracias ¡por todo!
> Siempre estaré endeudada a ustedes, y también a mi Señor y Dios.
>
>> Con ternura, su hija que cumple veintiocho años...
>> Su pequeñita Mona Rae..."

Casi siempre al leer esta carta veo lágrimas en muchos ojos, y vienen personas a decirme que les ha servido de aliciente para decidirse a enseñar a sus hijos y confiar en ellos. Una madre me dijo:
—Yo tengo cinco niños y cuando salí de casa esta

Inspirando la fe de los hijos 117

noche me sentía como una esclava. Ahora voy a volver a mi hogar para tomar más tiempo con mis hijos, y demostrarles cariño. Hasta voy a pedirles perdón por mi impaciencia. — Que Dios nos ayude a todos los padres a inculcar y estimular la fe de nuestros hijos en nuestro propio hogar.

JUEGO BIBLICO
"Estoy pensando en una persona"

Cuando teníamos que viajar largas horas en automóvil para visitar iglesias, participábamos de un lindo juego bíblico con nuestros hijos. Una persona piensa en un personaje de la Biblia y anuncia, por ejemplo: "Estoy pensando en una persona cuyo nombre empieza con la letra 'A'."

Después todos comienzan, uno por uno, a preguntar sobre algún dato que identifique a esa persona sin decir el nombre mismo, hasta adivinar quién es. Pierde el turno si no puede acertar cuál es el personaje.

Un ejemplo:

— ¿Es el primer hombre de la Biblia?
— No, no es Adán.
— ¿Es el que fue víctima del primer homicidio?
— No, no es Abel.
— ¿Es la madre de Samuel?
— No, no es Ana.
— ¿Es el rey que habló con Pablo?
— Sí, es Agripa.

Ahora le toca al que ha adivinado la persona indicada. Es una manera muy divertida de pasar el tiempo y al mismo tiempo enseñarles a los niños detalles sobre personajes de la Biblia. Una "M" favorita es la inicial de Maher-Salal-Hasbaz, el hijo de Isaías, cuyo nombre es el más largo de toda la Biblia.

PARA LA VIDA PRÁCTICA

1. ¿De qué manera debemos vivir para dar ejemplo de fe a nuestros hijos?
2. ¿Cómo podrían los vecinos darse cuenta de que somos cristianos?
3. ¿Qué temas se podrían conversar con los hijos al viajar?
4. ¿Qué oración se usa en su hogar para agradecer a Dios los alimentos?
5. ¿Qué clase de cuadros hay en las paredes de su hogar?
6. ¿Qué influencia podrían tener estos cuadros?
7. ¿Qué clase de revistas y libros tiene en su hogar?
   ¿Son interesantes para sus hijos?
8. La fe en Dios es una cualidad personal. ¿Puede usted decirles a sus hijos: "Seguidme a mí, como yo sigo a Cristo?"
9. ¿Encuentra usted en sus hijos evidencias de que tienen una fe personal que los guardará aun cuando usted no esté cerca de ellos para guiarlos en sus decisiones y conducta?
10. Oremos juntos por nuestras familias e hijos.

Capítulo nueve

LA PATERNIDAD RESPONSABLE

"Mi embrión vieron tus ojos."
(Salmo 139:16)

Es relativamente fácil engendrar un hijo, pero otra cosa es criarlo. Lo dijo mi padre en varias ocasiones mientras hablaba con nosotros, sus hijos. He meditado en estas palabras muchas veces.

Biológicamente, el cuerpo masculino tiene todas las posibilidades para procrear decenas y aun centenares de hijos, y cualquier irresponsable puede hacerlo, dadas las circunstancias. Otra cosa es enfrentarse con la verdad de que, al nacer un hijo, los padres tienen la grave responsabilidad de proporcionarle a esa nueva vida todas las condiciones necesarias para el desarrollo físico, mental y espiritual.

La Palabra de Dios dice: "He aquí, herencia de Jehová son los hijos; cosa de estima el fruto del vientre" (Salmo 127:3). Ciertamente, no hay cosa más hermosa que ver una familia feliz: los padres con sus hijos, compartiendo la vida y la bendición de Dios.

Ahora bien, ¿cuántos hijos? Es la pregunta que

hoy se hacen las personas, y se escucha por todos los medios de comunicación. La planificación familiar es tema que se comenta en todos los países del mundo.

Me he quedado sorprendido en mis viajes de los últimos años al ver en varios países grandes carteleras al lado de las carreteras públicas con caricaturas y refranes que tratan de hacer conciencia y ofrecer ayuda. Otras ofrecen productos anticonceptivos en forma llamativa. En este momento tengo un recorte de periódico que, además de la caricatura de una mujer en sus últimos días del embarazo, dice en letras grandes: VÁMONOS HACIENDO MENOS... PARA VIVIR MEJOR TODOS.

¿Qué respuesta daremos los que creemos en la Biblia y tratamos de seguir sus sanas enseñanzas? La verdad es que muchos hermanos están preguntando al respecto. El tema es muy interesante, y hay muchas diferencias de opinión al respecto.

En los seminarios donde he tratado este tema junto con mi esposa, muchos hombres me han buscado en privado, para compartir conmigo sus inquietudes, confesando que no tenían con quién desahogar sus problemas, ni a quién pedir ayuda. De la misma manera, las señoras han hablado en confianza con mi esposa, lamentando que no tienen quien les pueda orientar sobre tan delicado tema. Ese es el motivo de que incluyamos el presente capítulo en esta obra.

Debo aclarar antes de entrar en el tema, y eso casi en broma, que doy gracias a Dios porque mis padres no conocieran la píldora, porque ¿qué oportunidad hubiera tenido yo, el duodécimo de la familia Grams? Sin embargo, me doy cuenta también de que la situación de nuestro mundo ha cambiado notablemente en más de medio siglo.

Aclaro también, y eso en serio, que no tengo conocimiento de ninguna denominación evangélica en ninguna parte del mundo que se haya pronunciado en contra de la planificación familiar. Tampoco encontramos en la Biblia indicaciones directas al respecto. Tanto la Iglesia como la misma Palabra de Dios dejan al criterio personal las decisiones que cada cual crea que debe tomar. Eso sí, sobre este tema la pareja debe mantener una comunicación muy abierta, y cualquier decisión que se tome, debe ser con mutuo consentimiento. Es más, sobre un tema de tanta envergadura se debe hablar en toda su amplitud durante los días del noviazgo, porque los desacuerdos en cuanto al control de la natalidad sólo traen graves consecuencias para el bienestar de las relaciones conyugales.

LAS RAZONES DEL MATRIMONIO

Pensemos por un momento sobre las razones del matrimonio, tal como las expresó Dios mismo al tratar con la primera pareja en el huerto del Edén. Un estudio de los primeros dos capítulos del libro de Génesis nos revelará por lo menos estas tres razones:

1. *Compañía*. Al final de cada día de la creación, el Omnipotente evaluaba la hermosura de sus obras, y el sagrado texto repite las mismas palabras: "Y vio Dios que era bueno." Cuando miró al hombre, corona y cúspide de la creación, Dios dijo: "No es bueno que el hombre esté solo" (Génesis 2:18). A Adán le hacía falta una compañera con la que pudiera compartir la vida, y Dios atendió esa necesidad. No vayamos a pensar que la creación de la mujer le vino a Dios como una ocurrencia nueva o una idea tardía, porque su divina sabiduría la había

tomado en cuenta desde la primera mención de la creación humana:

"Entonces dijo Dios: Hagamos al hombre a nuestra imagen, conforme a nuestra semejanza... Y creó Dios al hombre a su imagen... Varón y hembra los creó."

2. *Cooperación en el trabajo.* Además de estar solo, Adán se halló incompleto para poder cumplir con una de las razones principales de su existencia: su trabajo. "Le haré ayuda idónea para él", dijo Dios. (Génesis 2:18). Parece que la idea de Dios era que el hombre y la mujer se complementaran hermosamente, cooperando entre sí para llevar a cabo la vocación de su vida.

3. *Procreación.* La raza humana tenía que perpetuarse desde esa primera pareja. En Génesis 1:28 leemos: "Y los bendijo Dios, y les dijo: Fructificad y multiplicaos; llenad la tierra..." La unión sexual tenía que servir no sólo para satisfacer la necesidad de compañía, sino también para completar el hogar con los hijos, que a su vez se reproducirían hasta poblar toda la tierra. Los hijos son, indiscutiblemente, una de las razones principales de la unión matrimonial. Ese es el plan ideal de Dios para el desarrollo normal de la familia.

Ocurre un milagro formidable cada vez que un espermatozoide se une con un óvulo. De acuerdo con las leyes de Mendel, en esa fusión los 23 cromosomas de la célula masculina se unen con los 23 de la femenina para producir los comienzos de un nuevo ser humano, y en ese instante existen quince millones de posibilidades genéticas en cuanto a inteligencia, estatura, color de cabello y ojos... y mil cosas más. Sin embargo, debemos darnos cuenta de que la procreación es sólo una entre las diversas razones de matrimonio. Si no fuera así, ¿qué harían las parejas que no pueden tener hijos? ¿Qué intimidad existiría entre los cónyuges si la unión sexual sólo se practicara para procrear a los hijos? Esa posición extrema podría ser causa principal en la desintegración del matrimonio. ¿No será que cuando Dios dijo que los dos serían una sola carne, estaba tomando en cuenta tanto la función unitiva como la procreativa de la relación sexual?

¿POR QUE PENSAR EN LA PLANIFICACION FAMILIAR?

Hay varias consideraciones que debemos tomar en cuenta al pensar en la planificación familiar:

1. *La vida y salud de la madre.* Se comenta que cada hijo le cuesta una muela a la madre. Es cierto que cada embarazo quita cierta cantidad de calcio de los dientes y huesos de la madre, porque el bebé en formación saca esas sustancias del cuerpo de ella. Muchas veces se nota que la mujer que tiene muchos hijos está perdiendo los dientes, sus hombros están más redondos y se está envejeciendo antes de tiempo. Además, después de cada parto, las emociones están más alteradas, y también todos los órganos interiores tienen que volver a su tamaño y ubicación normal, y con los embarazos repetidos, pierden su elasticidad. El período post-parto, cuando la leche se está asentando en el cuerpo de la madre, produce la euforia de ser madre, pero también decaimiento emocional. Se producen muy pronto las lágrimas por el dolor sufrido y viene el reajuste de los nervios. Para evitar los períodos de depresión, se hacen muy necesarias la presencia, comprensión y ternura del esposo. Una parte de la paternidad responsable consiste en no dejar que la esposa lleve sola los sufrimientos

del embarazo, el parto y la atención de los niños.

Es recomendable dejar un espacio de tiempo entre los hijos, para permitir la normalización del cuerpo de la madre. Algunos sugieren dos o tres años. Si el útero y otros órganos femeninos nunca vuelven a su posición debida entre dos embarazos, la vida de la madre puede correr peligro. Es posible que no tenga fuerzas suficientes para dar a luz, y que su cuerpo sufra por debilidad. Hay investigaciones que revelan que el peligro de muerte y enfermedad aumenta considerablemente para la madre después del cuarto hijo.

Todos hemos visto la escena de una madre atribulada con un bebé sobre el pecho, otro llorando agarrado a sus faldas, y un tercero con seis o siete meses de desarrollo dentro de su vientre. La tragedia es que muchas veces ella lucha sola. ¿Se llamaría *paternidad responsable* tener un hijo cada año, hasta ver a la mujer tan agotada, que no puede cuidar en forma adecuada a los hijos ni ser compañera de su esposo?

2. *El bienestar de los hijos.* Cuando los hijos nacen muy seguidos, se aumenta la posibilidad de la mortalidad infantil. Los padres somos responsables de la vida de nuestros hijos, y parte de esa responsabilidad está en crear condiciones favorables para el comienzo y la continuación de esa vida. Si existe el peligro de transmitir enfermedades contagiosas o debilidades mentales, muchos médicos recomiendan el control de la natalidad.

Con los trastornos económicos existentes en nuestro mundo moderno, se presenta para muchos el problema de proporcionarle alimentación, ropa y educación a una familia numerosa. La vida cuesta cada vez más. Es cierto que Dios promete satisfacer todas nuestras necesidades (Filipenses 4:19), pero su Palabra también nos advierte nuestra responsabilidad de cuidar en forma adecuada a los nuestros:

"Porque si alguno no provee para los suyos, y mayormente para los de su casa, ha negado la fe, y es peor que un incrédulo" (1 Timoteo 5:8).

En lugar de poner en peligro el bienestar, tanto de los hijos como de la madre, ¿no sería preferible ponerse de acuerdo entre esposos sobre la planificación familiar?

3. *La explosión demográfica.* Se cuenta de una conversación entre dos hombres. El primero, muy en contra de la planificación familiar, dijo: — Pero Dios nos manda en su palabra: "Fructificad y multiplicaos, llenad la tierra."

Respondió el otro: — Sí, pero no te dice que tú tengas que hacerlo solo!

El mandato de Dios a que se refería el amigo, fue hecho hace más de seis mil años, cuando la tierra no tenía habitantes. Existían solamente Adán y Eva. Se repitió casi textualmente con Noé y las otras siete personas que salieron con él del arca, después del diluvio: "Mas vosotros fructificad y multiplicaos; procread abundantemente en la tierra, y multiplicaos en ella" (Génesis 9:7).

Aquella vez, el problema era la falta de habitantes en la tierra. Hoy todo es al revés. Con los adelantos de la ciencia moderna, son menos los niños que mueren en su infancia, y los mayores viven cada vez más años... con el resultado de un mundo superpoblado. En muchos países se ven las crisis económicas y sociales que acompañan esta situación.

Hay un refrán que dice: "Cada hijo llega con un pan debajo del brazo." ¿Será verdad todavía hoy? La población de las grandes urbes se está aumentando en forma espantosa, por las mismas personas del campo que antes labraban la tierra para producir los alimentos. Ciudades que hace muy pocos años contaban con un millón de habitantes, hoy cuentan con cinco, diez o quince millones. En esas ciudades se sufre cada vez más por la escasez del agua, de alimentos, trabajo y vivienda. Si hoy la situación parece imposible, ¿qué nos espera en el futuro? Hay países que ya han tomado la precaución de dictar leyes sobre el control de la natalidad.

LOS METODOS

Puesto que existen muchos libros que tratan en detalle los métodos para la planificación familiar, nos limitamos a una sencilla mención de los métodos más usuales:

1. *La abstención periódica.* Se determinan los días fértiles en el ciclo mensual de la mujer y los esposos se abstienen de relaciones sexuales durante estos. Este método es conocido también como "ritmo" y "calendario chino".

2. *Los métodos mecánicos.* Para evitar la concepción, se usan espirales y diafragmas que se colocan en el canal vaginal de la mujer, y fundas protectoras para el hombre.

3. *Los métodos químicos.* En este sentido, existen píldoras, cremas, jaleas, espumas, glóbulos, inyecciones y otros productos.

4. *Los métodos quirúrgicos.* La esterilización, la ligadura de las trompas de Falopio de la mujer y la vasectomía del hombre entran en esta categoría.

5. *El coito interrumpido.* El esposo se retira antes de finalizar el acto sexual, lo cual deja a la mujer insatisfecha.

El haber mencionado los métodos anteriores no quiere decir que gocen de la aprobación de los autores de la presente obra. Entre ellos existen algunos más aconsejables que otros. Sobre el uso de la espiral existen muchas dudas. Los profesionales comentan la posibilidad de provocar el aborto de un óvulo ya fertilizado con el uso de este aparato. La planificación familiar es un asunto delicado, en el que cada pareja tiene que tomar una decisión personal a la luz de la Palabra de Dios.

Lo que sí queremos dejar claro es nuestra posición en cuanto al aborto. Evitar el embarazo por medio de métodos anticonceptivos es una cosa... pero interrumpir el embarazo con un aborto es destruir una vida ya comenzada. Esa vida empieza desde el momento de la concepción, y los padres están en la responsabilidad moral de cuidar esa vida sagrada, obsequiada por Dios. El aborto no debe ser tomado en cuenta nunca al realizar la planificación familiar. Una enfermera nos comentó que una mujer le confesó haber tenido dieciocho abortos en su afán de no tener hijos. Es muy peligroso. ¡Es espantoso! No cabe duda que Dios en su palabra se pronuncia enfáticamente en contra del aborto, porque aun en el mismo decálogo dice: "No matarás" (Exodo 20:13). Es de esperarse que en medio del pueblo de Dios no existan los que cometen el pecado de quitarle la vida a uno de estos pequeños.

EL HIJO QUE LLEGA POR SORPRESA

Después de tratar todo lo anterior, nos preguntamos: ¿qué se hace entonces con el embarazo inesperado? ¿Cuál debe ser nuestra actitud? ¿Cómo podemos aceptar lo inevitable?

Estábamos en una campaña especial. El evangelista y su esposa estaban alojados en el dormitorio de huéspedes en nuestra casa. Una mañana, después de salir él de casa, sentimos los llantos y gemidos que se oían por debajo de la puerta de la habitación. Mi esposa se acercó a la puerta, tocó suavemente y después de un momento, entró.

— ¿Qué pasa? — le preguntó a nuestra visitante.

— Otra vez estoy encinta — le contestó, llorando amargamente —. Estoy cansada de sentirme tan gruesa y pesada con los hijos, precisamente ahora que pensaba tener un poco de tiempo para mí misma. Estoy cansada de lavar pañales, de cargar biberones y juguetes, de ser la esclava de otro niño más.

— ¿Estás segura? — le preguntó Betty Jane —. Tal vez estés delicada porque estás demasiado cansada, y con un poco de tranquilidad todo se normalice en tu cuerpo.

— ¡No! — dijo ella —, ¡es cierto! Ya pasan seis semanas, tengo náuseas y no puedo comer nada; todo me revuelve el estómago. ¿Por qué tengo que aceptarlo? ¿Por qué no puedo disponer de mi vida como quiero? Es el cuarto hijo, y solamente encargué al primero. ¡Con cuatro hijos voy a enloquecer!

Su esposo era un evangelista internacional. Volvía a la casa solamente por unos días, y de vez en cuando. Después salía de nuevo a predicar en otro país o ciudad. Tenían sus momentos íntimos, porque se amaban mucho. Ella lavaba su ropa, preparaba su valija y otra vez lo despedía. Ahora se habían reunido para pasar dos semanas en la labor de avivamiento de nuestra iglesia.

¿Qué se puede decir en semejante situación? ¿Qué consejo se puede dar? Mi esposa tomó su Biblia y leyó 2 Timoteo 1:7: "Porque no nos ha dado Dios espíritu de cobardía, sino de poder, de amor y de dominio propio."

Los temores que surgen al descubrir que una nueva vida que no hemos encargado está ya en camino, tienen que ser vencidos con la ayuda del Señor. Dios nos dará amor para ese pequeño ser. El nos ha prometido *poder* sobre nuestros pensamientos negativos. La desesperación y la tristeza tienen que convertirse en actitudes positivas. Los planes nuestros tienen que sujetarse a los planes de Dios. De El viene la vida. El es el soberano, y nos dará gracia suficiente para aceptar con amor a esa vida en formación.

Lo mismo diríamos de la experiencia descorazonadora de ver nacer a un hijo anormal o lisiado. Es una vida dada por Dios y forma parte de la familia. Ese niño "especial" tiene que ser recibido con cariño. Conozco casos donde el ambiente de amor ha producido asombrosas mejorías cuando la ciencia médica no ha podido ofrecer ayuda alguna. Dios ama a ese niño, y con su divina gracia, los padres lo podrán amar y guiar hasta su máximo desarrollo posible. Esta persona puede aprender a orar y amar a Dios y ser una bendición a su manera.

¡Esa sí es una paternidad responsable!

PARA LA VIDA PRACTICA

1. ¿Qué publicaciones ha leído usted sobre el tema de la planificación familiar?
2. ¿Qué experiencia ha tenido usted en cuanto a la asistencia a cursos dictados sobre este tema?
3. ¿Cuáles son las consideraciones morales que se deben tomar en cuenta antes de decidirse sobre el uso de un método para el control de la natalidad?
4. Si la pareja no puede tener hijos, ¿cuál es su opinión acerca de la adopción de un niño?
5. Al recordar su niñez y la familia en que se crió, ¿qué modificaciones efectuaría para asegurar la felicidad de su hogar actual o futuro?
6. Encuentre algún niño anormal a quien pueda ayudar, y con quien pueda hacer amistad.

Capítulo diez

ESTIRANDO LAS FINANZAS

"El corazón contento tiene un banquete continuo."

(Proverbios 15:15)

Mi amiga comentó: — ¡Qué linda camisa tiene su esposo! ¿Dónde la consiguió?
—¡En mi almacen favorito! — le contesté.
— ¿Cierto? ¿En cuál?
— Bueno, había una feria en el colegio a beneficio de la institución, y todas las familias hicieron donaciones. Había una buena cantidad de ropa buena. No es del todo nueva, pero es tela fina, y a buen precio.
— ¡No lo puedo creer! Ojalá nos pudiera ayudar con algunas ideas para hacer que nuestro presupuesto rinda. Realmente, con los precios tan altos y lo escaso que está el trabajo, necesitamos aprender a estirar nuestras finanzas.

SECRETOS

Hay un viejo refrán que dice: "Cuando la necesidad entra por la puerta, el amor vuela por la ventana." En muchas ocasiones, cuando hay problemas económicos, parece que todo marcha de cabeza en el hogar. Desde los primeros días del matrimonio, y aún antes, la mujer tiene que aprender a comprar buena calidad, pero a un precio mínimo. La buena ama de casa, juntamente con su esposo, tiene que saber elaborar su presupuesto y calcular cuánto tendrá que gastar en la alimentación de la familia, el alquiler, la ropa, los útiles escolares y demás, y buscar la manera de pagarlo todo al contado.

Cuando yo era muy pequeña, mi madre me enseñó a comprar con sabiduría. En el periódico del jueves salía siempre una lista de precios especiales para el fin de semana. Ella me indicaba cómo hacer la comparación de precios. Si las naranjas costaban cincuenta centavos en una tienda y un dólar en otra, valía la pena comprar una buena cantidad a bajo precio, para ahorrar dinero.

Aprendí a reconocer qué corte de carne rinde más, y cómo relacionar los precios. Algunas carnes son más baratas, pero tienen mucho hueso o grasa. Puede que resulte más económico comprarla con más masa aunque valga más, o aprender a pelar la carne de los huesos y hacer sopa con ella. ¡Hasta de cabeza de pescado he hecho una buena sopa nutritiva!

Es bueno darse cuenta cuándo están de temporada las verduras. Por ejemplo, cuando aparece en el mercado la coliflor que es tan sabrosa, es muy cara, pero si se espera unas semanas, baja de precio por la abundancia. Lo mismo sucede con la berenjena, los tomates y los zapallitos. Los huevos suben de precio unos días antes de la Pascua, porque se usan muchos huevos para los panes especiales. Entonces, es recomendable comprarlos con anticipación.

Estirando las finanzas 133

Es posible que uno se antoje de comer manzanas o uvas en la época en que comienzan a llegar al mercado y cuestan mucho. Es mejor esperar hasta cuando rebajen los precios y satisfacerse con otra fruta que sea más económica.

He aprendido que en los mercados de fruta siempre hay alguna fruta picada. Me acuerdo de las veces que le he encargado al frutero que me separe manzanas o duraznos picados. Me las vende a un precio muy rebajado y de ellas hago salsa de manzana y mermelada. Sirven hasta para ensalada. Algunas uvas de las parras, aunque no sean tan dulces para comer, se pueden usar para hacer un agradable jugo fresco y para jalea.

También he visto personas que limpian la mesa y tiran todo el pan en la basura. El pan de un día se puede tostar o secar, para molerlo y usarlo en albóndigas o relleno de zapallitos, o para rebozar milanesas. También se hace un rico "pan francés" con pan viejo, agregándole huevos batidos en leche y un poquito de azúcar, para llevarlo después al sartén y tostarlo por ambos lados.

Tengo una amiga que siempre escoge sus recetas y después busca todos los ingredientes, aun cuando estén en su época más escasa y costosa. Yo pienso que es más sabio ver lo que se está ofreciendo en el mercado y planificar las comidas de acuerdo a esto.

Una de mis visitas a la Argentina coincidió justamente con el día de cumpleaños de nuestros dos nietos, Natán y Larisa. Ellos cumplen años el mismo día, aunque se llevan dos años. Invitamos a unos amiguitos y por supuesto, con ellos llegaron sus padres. Yo quise hacer una mayonesa de pollo con apio picado, que es tan sabrosa para hacer sandwiches. ¡Qué sorpresa me llevé al darme cuenta de que un apio se vendía en aquel momento por lo que se compraban dos docenas de huevos. La idea me salió muy cara, pero lo usé para muchas recetas diferentes.

A través de los muchos años vividos en la America Latina, me he dado cuenta de que casi siempre la mayonesa sale muy costosa. He aprendido a estirar las finazas con esta receta de la mayonesa casera que hago muy económicamente:

MAYONESA

4 cucharadas de maizena, mezcladas con 1 taza de agua fría. Hágalo que hierva, batiendo con una cuchara hasta que se vea clara la mezcla.

En un tazón ponga:
1 huevo batido
1/2 taza de aceite
2 cucharadas de azúcar
1/2 cucharadita de sal

Encima de esto, eche el líquido de maizena hervida y siga batiendo todo hasta que tenga el color de la mayonesa, color leche; agregue 1/4 de taza de vinagre o jugo de limón al final y siga batiendo hasta que se espese. Es muy agradable para hacer mayonesa con pollo, ensalada rusa, o sandwiches.

Para la mayonesa con pollo o pavo, o para la ensalada, se corta con tijeras el pollo o pavo cocido, se agregan apio picado, huevo duro picado y un poco de cebolla picada. Con esta mayonesa resulta muy sabrosa y más economica que con la mayonesa comercial.

EL CONTENTAMIENTO

En Filipenses 4:11 nos dice Pablo: "He aprendido a contentarme, cualquiera que sea mi situación. Sé vivir humildemente y sé tener abundancia; en todo y por todo estoy enseñado, así para estar saciado como para tener hambre, así para tener abundancia como para padecer necesidad."

La característica más importante de una mujer en su hogar, es llegar a ser una *Mujer llena de gracia*, como indica mi primer libro escrito para las damas. Para ser una mujer llena de gracia, necesitamos tener el corazón lleno de contentamiento. La obra la realiza el Espíritu Santo, y por supuesto, el crecimiento nuestro. Pablo dice: "He aprendido a contentarme."

Nadie nace contento. Si observamos a un bebé recién nacido, veremos que está buscando con la boca algo de donde mamar y palpando con las manos para asirse a algo. Por naturaleza, somos así. El buen cristiano tiene que aprender a contentarse.

La persona que ha aprendido a tener contentamiento, razona de esta manera: "Si tengo suficiente, lo voy a cuidar, y si me encuentro en escasez, voy a pedir a Dios sabiduría para hacer que alcance lo poco que tengo, sin pedir préstamos." Se oye decir: "La mujer tiene que estar feliz, feliz, feliz." Yo creo que es mucho más importante que tengamos contento el corazón. La felicidad es producto del contentamiento. Si nos proponemos estar contentos, entonces vendrá la felicidad.

La Biblia contiene varios pasajes acerca del contentamiento:

1 Timoteo 6:6-8
"Pero gran ganancia es la piedad acompañada de contentamiento; porque nada hemos traído a este mundo, y sin duda nada podremos sacar. Así que, teniendo sustento y abrigo, estemos contentos con esto."

136 *Familia, fe y felicidad*

Hebreos 13:5

"Sean vuestras costumbres sin avaricia, contentos con lo que tenéis ahora; porque él dijo; No te desampararé, ni te dejaré."

Proverbios 15:15

"Mas el de corazón contento tiene un banquete continuo."

Estas enseñanzas de la Palabra de Dios nos ayudan a ver lo importante que es el contentamiento. Es el corazón del hogar. Y es contagioso. Si los padres son unos descontentos, los hijos serán iguales; pero si reina el contentamiento en el hogar, los hijos serán bendecidos por su influencia.

CON POCO O CON MUCHO

No sentimos el contentamiento cuando llegamos a tener una casa amplia, ni muebles lujosos, ni adornos costosos; en realidad es un adorno del corazón, más necesario cuando los muebles son muy usados y la casa no muy amplia.

Me acuerdo bien de nuestro primer año de matrimonio. Yo había tenido un buen empleo, además de ser copastora en una iglesia grande. David estaba de pastor en una iglesia pequeña, a unos mil kilómetros de distancia. Nos casamos y me llevó a su lado. Entraba muy poco dinero en las ofrendas. Todo era diferente; no era una ciudad, sino un pueblecito pequeño. Podría haber estado infeliz, descontenta, egoísta. Yo tenía buena preparación en música y artes, pero como buena esposa que quería ser, tuve que aprender a contentarme con poco.

Recuerdo nuestra primera casa. Al verla por primera vez, me asusté. Todo estaba a medio construir. Era una antigua carnicería que en sus tiempos había tenido un gran refrigerador para

Estirando las finanzas 137

carne, pero todo había estado abandonado por años. Como estaba al lado mismo de la iglesia (que antes había sido almacén de víveres) mi joven esposo se enfrentó con gozo con el reto de remodelarla para hacer de ella un departamento. Trabajó meses enteros antes de casarnos. Me había escrito diciendo que no había lugar ni dinero para incluir un baño. Yo le insinué que me enviara el plano del departamento. En él hice un arreglo en las paredes de manera que cupiera un baño pequeño.

Todo estaba a medio construir cuando llegué. Había grandes agujeros en las paredes, además de arena, ladrillos y escombros. Podría haber vuelto a mi propio hogar y buen empleo con buen sueldo, pero juntos decidimos contentarnos y hacer un hogar de aquella vieja carnicería. Algunas damas vinieron a visitarme, y me encontraron en una escalera con la cara llena de pintura, ayudando a hacer nuestro hogar. ¡La flamante novia del pastor!

Puesto que nos faltaba dinero, asistimos a algunas subastas. Así compramos una mesa plegable, y con unas tablas y ladrillos usados, preparamos un lindo escritorio para mi esposo, el pastor. Yo preparé unas plantas que trepaban sobre los ladrillos y con muy poco gasto llenamos todo un lado de la sala con aquel escritorio lleno de libros, y tuvimos lugar para estudiar. Un diván viejo que nos regaló un pariente, lo cubrimos con una sábana floreada y así tuvimos preparada la sala.

Mi primera cocina era eléctrica, de dos hornillas. Una funcionaba a la mitad, y la otra no se encendía. No obstante, me decidí a sentirme contenta e hice prodigios con aquella vieja cocinilla. Como los hermanos vivían en el campo, nos ofrecieron recoger maíz, tomates y pepinos para nuestra mesa. Me di cuenta de que, para tener algo de comer cuando cayera la nieve y bajara la temperatura a 35° bajo cero, tendría que ponerme a aprender a envasar conservas.

Claro que tuvimos que pasar el trabajo de ir a recoger las verduras. Empecé a envasar tomates, leyendo mi libro de recetas. El primer año hice trescientos frascos. También hice encurtido con los pepinos. Mucho me han pedido esta receta, porque le da muy buen gusto a cualquier sandwich o carne, así que la voy a poner a continuación:

ENCURTIDOS DE PEPINILLOS
(para sandwiches)

4 litros de pepinos pequeños, cortados redonditos y finos

12 cebollas pequeñas, cortadas redondas

6 cucharadas de sal — Ponerla encima de los pepinos en un balde lleno de agua fría durante seis horas, o toda la noche.

Escurrir bien en la mañana y enjuagar con agua fría.

Hacer un jarabe con lo siguiente:

6 tazas de vinagre

4 tazas de azúcar

1 cucharada de semillas de apio

2 cucharadas de semilla de mostaza

2 cucharaditas de turmeric (puede conseguirlo en una farmacia)

Hacer hervir este jarabe en una olla grande. Agregar los pepinos y cebollas y calentarlo todo hasta que esté a punto de hervir, pero no permitirle que hierva, porque se endurece.

Usando frascos bien limpios y esterilizados, rellenar, tapar con tapa hermética, para que selle bien.

Es muy agradable, servido con sandwiches, ensalada de papas, pescado o bistec. Este jarabe se puede usar para preparar la mayonesa, porque tiene un sabor muy agradable a especias.

Hasta el día de hoy, no tiro a la basura ningún frasco que tenga buena tapa. Trato de hacer uso de todo. Me acuerdo de aquel frío invierno y lo ricas que estaban las mermeladas de frutilla, mora y frutas silvestres, y la salsa de tomate sobre los tallarines. Si yo hubiese actuado con negatividad, nos hubiera ido mal, pero Dios me enseñó lo que es el contentamiento. A lo largo de los años, cada vez que atravieso por algún problema, siempre me pongo en la cocina a pelar fruta y preparar mermelada, y cuando ya ha pasado el problema, mi familia come con gusto la obra de terapia hecha por mis manos.

EL GOZO ES VUESTRA FUERZA

El corazón alegre y contento facilita el trabajo del hogar. Nehemías 8:10 dice: "Enviad porciones a los que no tienen nada preparado, porque día santo es a nuestro Señor; no os entristezcáis, porque *el gozo de Jehová es vuestra fuerza.*"

Si le faltan fuerzas, si está decaído su ánimo, si siente depresión o cansancio, espere en Dios; pídale gozo al Señor. Es bueno aprender este secreto a muy tierna edad. Si el corazón está contento, entonces hay gozo, y Dios mismo es nuestra fuerza en el hogar.

Este versículo nos lleva a otro secreto importante y es el ser benévolos para ayudar a otros, abrir nuestro hogar a la hospitalidad, y también pagar nuestros diezmos a la iglesia. Si lo hacemos, veremos que no hay necesidad alguna que Dios no atienda. Podemos comprobar con la enseñanza de

Malaquías 3:10, 11 que, si al momento de recibir nuestro sueldo, apartamos los diezmos del Señor, veremos cómo Él hace que alcance el dinero para todas nuestras necesidades.

La hermosa verdad de Proverbios 11:24 me ha guiado e inspirado durante toda la vida. Dice: "Hay quienes reparten, y les es añadido más; y hay quienes retienen más de lo que es justo, pero vienen a pobreza." El versículo que sigue, agrega: "El alma generosa será prosperada." La promesa de Dios es que cuando compartimos lo que tenemos con los demás, no faltará nada en nuestro propio hogar. Otra promesa del Nuevo Testamento nos asegura que "Dios bendice al dador alegre" (2 Corintios 9:7). No contemplemos las necesidades de otros con una mano cerrada, o un corazón tacaño. En el Padre Nuestro oramos diciendo: "Danos hoy nuestro pan cotidiano", y yo siempre les enseñé a nuestros hijos que, si mantenemos un corazón contento y gozoso, Dios atenderá todas nuestras necesidades, y pondrá mantequilla y mermelada sobre nuestro pan también.

EL DADOR ALEGRE

Poco después de radicarnos en Buenos Aires, me sentía muy delicada, puesto que había sufrido una intervención quirúrgica muy grave. Mi esposo estaba de viaje, y yo sola en la casa. Me sentí impulsada a activarme y hacer una torta para llevársela a una amiga misionera que estaba guardando cama. El día era pesado y tenía el cuerpo débil. Le dije al Señor:
— Mañana lo haré.

De nuevo me vino la impresión de que debía hacerlo aquel mismo día. Comencé a batir la masa, prendí el horno, y la torta salió toda torcida. Otra vez le dije al Señor: — Mañana hago otro.

—Hoy es el día —me respondió.

Recordando que mi mamá siempre decía que se puede arreglar una torta fea, cubriéndola bien, así lo hice, pero con la humedad de Buenos Aires, quedó la cubierta hecha agua. ¡Que fea!

Al volver Raquelita de sus clases en el colegio, le dije que sentía que debíamos visitar a Haydé y llevarle aquella torta, pero que estaba muy fea. Siempre llena de gozo y dadivosa, Raquel me dijo:
—Vamos, mami. Yo llevaré la torta.

Su ánimo me alentó. Recogí flores para hacer un ramillete, y con una revista, un libro y la torta chueca, subimos a un autobús. A cada vuelta de rueda sentía los desperfectos de las calles como punzadas en todo el cuerpo. También me parecía que la torta se torcía más.

Al llegar, subimos al dormitorio donde yacía mi amiga en cama, en su sexto mes de embarazo, tratando de salvar la vida del niño. Me miró con unos ojos grandes al ver la torta, y exclamó:
—¡Betty! ¿Quién te avisó que hoy es mi cumpleaños?

Nadie me avisó. Pero Dios lo sabía y me siguió instando, hasta que lo obedecí. Haydé estaba enferma, sus padres eran misioneros en Africa, y sus hermanos estaban en Europa y Canadá. Le hacía falta una demostración de cariño y aprecio. Para mí, hubiera estado bien con un "mañana", pero Dios sabía las cosas mejor que yo. La experiencia me enseñó a estar atenta a la voz de Dios, ser dadivosa, ayudar a los demás, y hacerlo con un corazón alegre.

HOSPITALIDAD

En nuestro hogar, mi madre siempre invitaba a los que no tenían con qué devolver el favor, y la mesa se alargaba para incluir a los que necesitaban albergue. Vivíamos en una ciudad donde había una base de la fuerza aérea, y los militares asistían a nuestra iglesia. Como yo tocaba el piano, podía apreciar quiénes eran los jóvenes más apuestos. En cambio mami siempre esperaba hasta que las otras familias hubieran invitado a sus predilectos, para llevarse ella a los que quedaban.

A veces comento en broma que en nuestro hogar se hospedaba a "los mancos, los cojos y los ciegos". El gran corazón de mi madre quería ayudar a los realmente necesitados. Así aprendimos la verdad de la Palabra que nos enseña a abrir el hogar y el corazón. Y es cierto que, cuando ayudamos a uno de los hijos de Dios, El atiende a nuestras propias necesidades. "Dad y se os dará", nos promete el Señor en Lucas 6:38. Si hay necesidad en nuestro hogar, busquemos alguien a quien ayudar. Siempre hay otros con necesidades aún mayores, y Dios proveerá luego para nuestro hogar.

LA MUJER IDEAL

Vemos un retrato de la mujer ideal en Proverbios 31. ¿Qué cualidades posee esa mujer virtuosa? Es digna de confianza; su esposo puede confiar en ella. Es benévola, ayuda a los pobres; es diestra, sabe tejer, bordar, coser y cocinar. Es bondadosa, benigna y tiene sentido de humor, puesto que se ríe del futuro. Mantener el sentido de humor, especialmente cuando los recursos son escasos, es de mucha importancia.

Proverbios 15:16, 17 contiene esta verdad: "Mejor es lo poco con el temor de Jehová, que el gran tesoro donde hay turbación. Mejor es la comida de legumbres donde hay amor, que de buey engordado donde hay odio."

Una buena sopa de verduras con paz y amor y risa en el hogar, es más saludable que un bistec grande con mal humor y resentimiento.

Esta mujer también sabe comprar y vender; es inteligente. Yo recuerdo que en mi niñez pasamos por los días de la gran depresión económica. Mi madre era muy hábil para hacer que las pocas entradas alcanzaran para todas las necesidades de una familia con seis hijos. Un día una vecina me comentó: — Bueno, veo que tu ropa está remendada, pero siempre está limpia. — Yo no me había dado cuenta de que mi ropa estaba remendada, porque mi corazón estaba alegre y contento.

Al criar a nuestros hijos en un lugar remoto y con recursos limitados, aprendimos a aceptar la ropa usada, limpiarla y adaptarla a nuestras necesidades. Un invierno, cuando volvimos a los Estados Unidos, todavía no había empezado la temporada de las rebajas para comprar ropa nueva, pero hacía mucho frío, con mucha nieve y con temperaturas bajo cero. Una amiga nos obsequió una chaqueta usada para Rocky. Era de muy buena calidad, y la recibimos con gratitud. Sólo que, como su hijo tenía doce años y Rocky solamente cuatro, le llegaba casi hasta los tobillos. Parece que un vecino le hizo algún comentario jocoso, porque volvió una tarde después de jugar con su perro en la nieve y me dijo: — Mami, mi chaqueta no es demasiado pequeña, ¿verdad? Los abrigos para las chicas los conseguí en una venta de ropa usada, y así estiramos los recursos hasta cubrir las necesidades de todos.

A veces existen mujeres orgullosas. Una vez le ofrecí algunas ropas buenas de mis hijos a una madre que tenía varios niños. Sus entradas eran limitadas, y yo sentí que la ropa podría ayudarle a estirar sus finanzas. No se imagina mi sorpresa cuando me respondió: —Gracias, pero mi esposo trabaja, y nosotros no nos ponemos ropa usada.

—¡Muy bien! —pensé, pero vi altivez de espíritu en aquella señora que rechazaba la ropa buena que se le había ofrecido con cariño para su familia.

Aún ahora, nuestras hijas buscan ropitas usadas para los seis nietos, y me agrada ver que ellas también han aprendido a estirar sus finanzas. En el Salmo 36:25 leemos: "Joven fui, y he envejecido, y no he visto justo desamparado, ni su descendencia que mendigue pan."

Cobremos fe y confianza en nuestra vida. Estemos seguros de que, como hijos de Dios, El nos bendecirá y nos ayudará. Después de pagar nuestros diezmos, como nos indica Malaquías 3:10, el resto de nuestras entradas serán bendecidas y alcanzarán para todas nuestras necesidades. Jesús dice en Mateo 6:25-34 que si las aves, que no siembran, ni siegan, ni recogen en graneros, tienen suficiente, cuanto más nosotros, que somos hijos de Dios. En el Salmo 34:10 se nos promete: "Los que buscan a Jehová no tendrán falta de ningún bien." Lo importante es ponernos a tono con nuestro Dios, y con un corazón lleno de contentamiento, recibir todo lo que El provea para nosotros.

PARA LA VIDA PRACTICA

1. ¿Qué problema económico le preocupa más?
2. Si uno pierde su trabajo, ¿de qué maneras puede Dios atender a sus necesidades?
3. ¿Qué experiencia puede usted compartir acerca de alguna ocasión en que Dios haya atendido alguna necesidad suya especial?
4. ¿Puede sugerir algunas maneras en que usted haya logrado hacer que su dinero alcance para todo?

Estirando las finanzas 145

5. Si hay escasez de carne, ¿qué clase de comidas se pueden preparar?
6. ¿Qué importancia tiene la actitud de contentamiento para ayudar a estirar las finanzas?
7. ¿Qué relación hay entre ayudar a otros con un corazón dadivoso y tener suficiente para las necesidades de uno mismo?
8. ¿Qué experiencia personal tiene con la verdad de Malaquías 3 en cuanto al pago de los diezmos? Dios dice: "Traedme todos los diezmos al alfolí y haya alimento en mi casa; y probadme ahora en esto dice Jehová de los ejércitos, si no os abriré las ventanas de los cielos, y derramaré sobre vosotros bendición hasta que sobreabunde. Reprenderé también por vosotros al devorador, y no os destruirá el fruto de la tierra, ni vuestra vid en el campo será estéril, dice Jehová."
9. ¿Tiene alguna experiencia en cuanto a la "promesa de fe"? (Es la promesa de ofrendar lo que aún no tenemos, esperando que Dios nos lo proporcione, para ayudar en una obra como el instituto bíblico, las misiones o alguna necesidad de la iglesia).
10. Otros textos bíblicos que nos pueden ayudar:
    Efesios 4:28. Trabajar y dar a los pobres.
    Filipenses 4:19. Dios suplirá.
    Mateo 6:33-34. Buscar primeramente a Dios.
    Proverbios 21:20. Ser prudente.

Capítulo once

SUEGROS AMABLES

"Se fue Moisés, y volviendo a su suegro Jetro, le dijo: Iré ahora... Y Jetro dijo a Moisés: Vé en paz."

(Exodo 4:18)

Tiernamente me comentó nuestro yerno Miguel, un joven que mide casi dos metros de altura:
—Mamita, te quiero. Siempre estás divertida y alegre, aun cuando te tomamos el pelo con nuestras pequeñas bromas!

En nuestra familia tuvimos dos bodas en el espacio de seis semanas. Mona Rae se casó con Miguel (¡y con su guitarra!), y Rocky escogió a la bella Sherry. ¡De golpe nos convertimos en suegros!

En el primer capítulo de este libro, mi esposo menciona sus pensamientos mientras acompañaba a Mona Rae al altar. Cuando él dijo: "Yo entrego a esta mujer para ser la esposa de este hombre", fue cuando nos dimos cuenta de que nuestra querida muñeca se había hecho mujer. Mientras escuchábamos que los dos decían: "Yo me entrego a este hombre," y "Yo tomo a esta mujer como mi legítima esposa", entramos nosotros en una nueva dimensión de la vida... la de ser suegros.

148 Familia, fe y felicidad

En todas partes hay chistes en contra de las suegras. Hasta hay quienes usan la palabra "suegra" para la corteza dura del pan. Durante los carnavales de Bolivia, los payasos disfrazados golpean a la gente con un garrote hecho de cartón. Hace un ruido tremendo, y se llama "matasuegra". No me gustan estas bromas en contra de las suegras y las escucho a veces preguntándome: "¿Soy así?" Me parece que algunos chistes son muy crueles. Es una cosa que debemos cambiar en nuestras iglesias y hogares. Tratemos de levantar la dignidad de la suegra.

En la Palabra de Dios vemos que ser una buena suegra es convertirse en una bendición para el hogar. En Mateo 8:14, 15 vemos el hogar de Pedro, el rudo pescador. Su suegra vivía con ellos en su hogar y estaba enferma con una fiebre. Cristo se acercó, le tocó la mano y ella se sanó al instante. La Biblia dice que se levantó e inmediatamente se preocupó por preparar algo de comer, viendo que había visitas en la casa.

En Exodo 18 podemos dar un bello vistazo a la relación de Moisés con su suegro Jetro, sacerdote de Madián:

> "Y Moisés salió a recibir a su suegro y se inclinó, y lo besó; y se preguntaron el uno al otro como estaban, y vinieron a la tienda. Y Moisés contó a su suegro todas las cosas."

Un cuadro conmovedor. Luego nos dice que Jetro le dio un consejo a Moisés:

> "No está bien lo que haces. Desfallecerás del todo, tú y también este pueblo que está contigo; porque el trabajo es demasiado pesado para ti; no podrás hacerlo tú solo. Oye

Suegros amables 149

ahora mi voz; yo te aconsejaré, y Dios estará contigo. Está tú por el pueblo delante de Dios, y somete tú los asuntos a Dios...
Escoge tú de entre todo el pueblo varones de virtud, temerosos de Dios, varones de verdad, que aborrezcan la avaricia; y ponlos sobre el pueblo."

Exodo 18:17-19

Cuando Esteban y Raquel recibieron una invitación para extender su ministerio, nos telefonearon y Esteban preguntó: "¿Qué piensas, papi, qué consejo me das?" ¡Qué hermoso es que haya esa relación abierta entre suegro y yerno!

¿SE PIERDE AL HIJO?

Las seis semanas entre las dos bodas fueron días llenos de actividad, emociones y trabajo. Apenas nos habíamos acostumbrado a la realidad de verla a Mona Rae convertida en una mujer casada, cuando Rocky terminaba las preparaciones para su día esperado. Me acordé de una amiga que se lamentaba entre lágrimas: —Oh, estoy perdiendo a mi hijo porque se casa. —Nuestra experiencia era diferente...

Más bien pensábamos que las bodas nos habían agregado otro hijo y otra hija a la familia. ¡Y resultó así! Depende mucho de la actitud que uno toma al ver que sus hijos toman sus compañeros.

Hace poco se había reunido toda nuestra pequeña familia. Habíamos pasado cinco años separados por distancias de miles de kilómetros, mientras trabajábamos para el Señor en España, Argentina, Minnesota y muchos otros países de la America Latina. Rocky puso su brazo alrededor de Sherry y me dijo: —¿Qué te parece, mamita, esta linda nuera? Es la única que tienes y tendrás.

Yo me callé y luego les dije: — No pienso en Sherry como nuera. En mi mente es más bien otra hija. — Ella está en mis oraciones y en mis pensamientos como Mona Rae y Raquel. La tengo siempre en cuenta, le escribo y le hago regalos; es nuestra.

Para mí fue una satisfacción enorme cuando un día una amiga me comentó: — Recibí una carta de Sherry desde la Argentina y me habló del amor que existe entre ustedes dos. Me dijo en la carta que aprende tanto con la vida y las enseñanzas de ustedes, que ella está muy agradecida de formar parte de su familia. — Mi amiga estaba conmovida al pensar que una nuera pudiera expresarse con tanto cariño acerca de su suegra.

Una amiga me contó que al volver su hijo del ejército, no tenía recursos para alquilar una casa. Así la nueva pareja tuvo que ir a vivir con los padres de él, pero la nuera se puso enojada. Cambiaba todas las cosas en la cocina, malgastaba los ingredientes de las comidas, y le hablaba tan fuerte a su suegra, que la hizo enfermar de úlceras. Esta es otra situación delicada, puesto que ella también sufría.

¿COMO APRENDER?

No hay libros ni cursos para prepararnos a ser suegros. Hay que aprender esto sobre la marcha de la experiencia misma, pero Dios nos promete su ayuda. En Santiago 1:5 leemos: "Si alguno de vosotros tiene falta de sabiduría, pídala a Dios, el cual da a todos abundantemente y sin reproche." El no va a llamarnos la atención, no nos va a hacer reproches, sino que nos dará todo lo que pedimos.

Realmente, la relación de los suegros es algo muy delicado. Los suegros pueden meter el descontento y la división en los corazones, o pueden sembrar bondad, tranquilidad y contentamiento en el nuevo hogar.

QUE PROCUREIS TENER TRANQUILIDAD

Algunos padres tienen la dicha de vivir cerca de los hijos. Así pueden visitarlos con frecuencia, aprender juntos y crecer en su nuevo papel de suegros. Para nosotros era todo lo contrario. Estábamos ministrando en la Argentina, a unos doce mil kilómetros de distancia de nuestros hijos. Al fin llegó el día de poder visitar el nuevo hogar de Mona Rae y Miguel. Yo observaba que algunas cosas que siempre hacía David en nuestro hogar desde el momento de casarnos, se realizaban de maneras diferentes en aquel nuevo hogar. Observaba y oraba, pero sin hacer insinuaciones. Me costaba quedarme callada.

En 1 Tesalonicenses 4:11, Pablo nos dice: "Que procuréis tener tranquilidad." Qué hermoso es recordar esto y cerrar firmemente los labios para mantener la boca callada y el espíritu tranquilo.

Esta enseñanza es importante para cada mujer que ve a su hija empezar un hogar propio. Es muy fácil dejar que se escapen palabras amargas, sin pensar en las consecuencias:

"¿Cómo se te ocurrió casarte con ese hombre?"

"¡Como deja tiradas en el piso del baño las toallas!"

"¡Malgasta el dinero!"

"¿No te ayuda a cargar las bolsas pesadas de víveres!"

"¡Es descuidado en la mesa!"

"¿De qué clase de hogar procede?"

"¡El es muy diferente a nosotros!"

"¿Cómo podrán convivir?"

¡Cuidado! Ser diferente a nosotros no es lo

mismo que ser raro. Mejor es tratar de ver las cualidades positivas, apreciar la alegría, el corazón sincero y el ánimo que aporta a la familia.

Una vez escuche a una madre decir: — ¡Prefiero ver a mi hijo en un ataúd, antes que casado con esa muchacha! — Palabras duras e insensatas habladas sin pensar.

DEJARAN PADRE Y MADRE

Una amiga mía estaba muy deprimida después de la boda de su hijo. Llorando, me comentó: — ¡Me parece algo tan drástico! ¡Ahora todo ha cambiado! — Efectivamente, es verdad. Ahora este hijo es hombre, y cabeza de un nuevo hogar. Exige mucho tacto demostrar afecto y cariño para la nueva nuera, y no meterse con sus modales y gustos personales. Tal vez no sepa cocinar, y los condimentos que usa son demasiado fuertes y dañinos. ¿Se podrá sugerir una dieta balanceada sin entrometerse demasiado en la cocina ajena? En fin, ella tiene mucho que aprender, pero el tino y la delicadeza al ayudarla son necesarios.

Los cambios son inevitables y tenemos que abrir las manos para empujar a los "polluelos" hacia fuera del "nido", y dejar que ellos hagan su propio nido. Este es el plan de Dios, saludable y correcto. Aquel muchacho todavía es hijo, todavía lo queremos, pero ahora es también hombre, pertenece a su esposa, y tiene que asumir la responsabilidad de formar su propio hogar.

En algunos países, los padres agregan otra habitación a la casa, y todos los hijos cuando se casan, viven "en casa", como bajo la protección de un paraguas. Están vigilados y no se les permite la libertad de formar su hogar según su propio estilo. Hay una indicación clara en Génesis 2:24:

Suegros amables 153

"Por tanto, dejará el hombre a su padre y a su madre, y se unirá a su mujer, y serán una sola carne."

El cumplimiento de lo que dice la Palabra evita muchos problemas.

El camino de los suegros es muy delicado. Tenemos que estar dispuestos a ayudar, pero sin meternos en los asuntos de la nueva pareja. Esto demanda mucha diplomacia, tino, cariño y cuidado.

En un hogar de recién casados, vi un cuadro colocado a tanta altura en la pared, que era difícil apreciar su belleza. Cuando lo mencioné, me confesaron que ya habían hablado varias horas sobre el problema, porque a él le gustaba tener los cuadros altos, cerca del cielo raso, y a ella le gustaba ponerlos bajos. Era cuestión de las costumbres en los hogares donde se habían criado. Yo tenía mis ideas bien formadas sobre el particular, pero supe callarme. ¡Creo que a fin de cuentas no colgaron cuadros en aquel hogar por varios meses!

Cuando la pareja viene pidiendo consejos, es mejor usar la técnica no directiva; es decir, no expresar las opiniones de uno. Mejor es sugerir que ellos juntos busquen la repuesta a su problema, observando a otros o estudiando la información al respecto. Sobre todo, que oren antes de tomar una decisión. Si preguntan sobre algún detalle, es aconsejable no darles un gran discurso, sino contestar acerca del tema específico que preguntaron. Al tomar sus propias decisiones, la pareja va madurando, cobra confianza y cimienta su propia dignidad.

Hay un viejo refrán que dice: "Se puede llevar el caballo al agua, pero no se le puede obligar tomarla." Así sucede cuando se dan consejos sin que hayan sido solicitados. Quiera Dios ayudar a los suegros a orientar con suavidad, de manera que los jóvenes sientan que están buscando y encontrando sus propias soluciones.

SECRETOS PARA LOS SUEGROS

Qué hacer	Qué no hacer
Tener paciencia	Hablar ásperamente
Demostrar aprecio	Quejarse
Dar aliento	Desanimar
Felicitar	Decir cosas chocantes
Ser corteses	Fijarse en lo negativo
Buscar lo positivo y comentarlo	Criticar
Incluir a ambos al escribirles	Mostrar favoritismo
Aceptar a los dos como suyos	Ser suspicaces
Ser leales	Buscar faltas
Orar por los dos	Hablar en contra
Ser francos y genuinos	Disimular
Ayudar a ambos	Demostrar favoritismo

NOEMÍ, LA SUEGRA

El libro de Rut nos cuenta la historia de una heroína. Una suegra, Noemí. Son cuatro capítulos pequeños, pero forman toda una hermosa novela que nos enseña cómo son las buenas relaciones entre suegra y nuera.

Después de la muerte de su esposo y sus dos hijos en una tierra extraña, Noemí decidió retornar de Moab a su patria, Judá. Las tres viudas caminaban juntas al salir de Moab. Seguramente llevaban muy poco además de su ropa puesta. Es posible que mucho antes se hayan visto obligadas a vender los muebles, los regalos de boda y sus demás bienes, solamente para sobrevivir. Noemí les dijo a las dos viudas de sus hijos que era mejor que se

Suegros amables 155

quedaran en su propia patria, con sus amigos y familiares, donde eran conocidas y aceptadas.

Después de pensarlo bien, Orfa besó a su suegra y volvió a su familia, su cultura, su patria y su religión. En cambio Rut se quedó con Noemí, e hizo esta declaración tan significativa:

> "No me ruegues que te deje, y me aparte de ti; porque a dondequiera que tú fueres, iré yo, y dondequiera que vivieres, viviré. Tu pueblo será mi pueblo, y tu Dios mi Dios."
>
> Rut 1:16

¿Qué habrá visto Rut en la persona de Noemí, que le inspirara una devoción tan profunda? No cabe duda que Noemí era más que una suegra para ella. Debe haber sido también su amiga y compañera. Seguramente Noemí había llevado una vida muy ejemplar y dado testimonio convincente de su Dios, puesto que ahora inspiraba a Rut a tomar la decisión de acompañarla hasta un país alejado y desconocido, aceptando su cultura ¡y su Dios!

Así fue como las dos viudas volvieron a Belén y buscaron alojamiento. Rut, por ser la más joven, salió en busca de trabajo para sostenerlas. Noemí le dio un buen consejo al indicarle cómo eran las costumbres de su nuevo pueblo. Vemos el estilo de sus relaciones en el versículo 3:18: "Espérate, hija mía..." Ha debido ser difícil para Rut cambiar toda su vida, y todavía tener paciencia y mantener tranquilidad.

Mientras cosechaba Rut en los campos de Booz, ¿habrá sentido lástima de sí misma? No, no lo creo. Esa actitud se hubiera reflejado en su rostro y en su manera de ser. Booz reconoció la grandeza de su pureza y dignidad y dio la orden de que todos los trabajadores le tuvieran respeto y la ayudaran. Rut trabajaba con toda diligencia y cada noche volvía del campo de los segadores admirada y agradecida por todo el grano que había conseguido.

¿Quién era este Booz? Era un pariente de Elimelec, el esposo fallecido de Noemí, y era un hombre honorable. Su madre había sido Rahab, la ramera de Jericó que ayudó a proteger a los espías y a todo Israel. Después de caer los muros de Jericó, se casó con un israelita. Seguramente le contaría a Booz de pequeño lo difícil que era entrar en un pueblo nuevo, en una cultura, modales, costumbres y amigos nuevos. Así Booz podía entender a aquella otra mujer, y quedó impresionado con el cariño y la identificación que demostraba hacia su suegra Noemí.

Booz también era pariente cercano. Según la ley hebrea, podría redimir a Noemí. Al saber que había otro más cercano, entraron en un acuerdo. El otro le entregó su zapato, para indicar que Booz podía redimir la propiedad de Noemí y casarse con Rut. Rut tenía que seguir las costumbres de Israel para demostrar su disposición. Booz reconoció que ella podía haber buscado un varón más joven y vigoroso, aun con el pensamiento de darle un hijo heredero a Noemí.

Todas las mujeres de la ciudad vinieron a Noemí para bendecirla: "Loado sea Jehová, que hizo que no te faltase hoy pariente... pues tu nuera, que te ama, lo ha dado a luz; y ella es de más valor para ti que siete hijos." Entre los hebreos, un hijo varón era de mucho más valor que una hija. Hasta había hombres en Israel que tenían la costumbre de decir a diario: "Te doy gracias, oh Señor, porque no me hiciste mujer." Sin embargo, ¡el amor que Rut manifestó hacia su suegra era tan notable, que las mujeres dijeron que ella valía más que siete hijos!

Al nacer el hijo de esta unión, le pusieron por nombre Obed, que significa "sirviendo". Rut había servido a Dios y a su suegra, y Dios la premió con un hijo varón. Noemí cuidó del niño, lo quiso y lo educó. Obed fue el abuelo del rey David, y de su descendencia nació nuestro Señor Jesucristo. Así es como una gentil de Moab entró en el linaje real de Cristo. Creo firmemente que este honor se debió al gran cariño que Rut manifestó tener por su suegra.

LOS NIETOS

Raquelita estaba esperando su primer bebé, y yo le pedía a Dios que me concediera el favor de poder viajar para estar a su lado y ayudarla en esa nueva experiencia de la vida. Vivíamos muy lejos y el pasaje era costoso. Me acordaba de que no me fue posible estar con Mona Rae cuando nació Kristi, porque aquella vez la distancia desde la Argentina era de quince mil kilómetros. Razonaba y oraba, pensando que en esta ocasión a Dios seguramente le agradaría hacérmelo posible. Cuando vi a mi yerno Esteban en el aeropuerto, me pareció muy joven, pero cuando lo vi en el hospital con su hijita, me pareció que sus hombros eran más anchos y que tenía una nueva autoridad. La responsabilidad de padre había caído sobre él como un manto, y ya no era un joven solamente, sino que también se había convertido en ¡un padre!

El joven se hace padre, y en el mismo instante, ¡la suegra se convierte en abuela! Suegra por un lado y abuela por el otro. Son las relaciones y responsabilidades de una familia que crece. Juntamente vienen las noches de vigilia sobre la criatura cuando no se siente bien. Los pelos blancos de su manta en el traje negro, las interrupciones para cambiarle la ropa, el sueño perdido por la noche para calentar la mamadera, o llevarlo al pecho de la madre a la hora de comer; ¡toda una vida nueva!

¿Podemos amar a estos hermosos niños sin mimarlos demasiado?

¿Podemos acariciarlos sin dañarlos?

¿Podemos combinar el cariño con la disciplina?

¿Podemos respaldar la autoridad y los derechos de los padres?

¿Podemos quererlos sin echarlos a perder?

En todo esto necesitamos la sabiduría de Dios para respaldar siempre a los hijos, porque ellos son los nuevos padres, y son ellos los que nos han hecho abuelos.

¡Dios tiene preparada una ayuda especial para esta nueva dimensión de la vida!

PARA LA VIDA PRACTICA

1. Escriba una lista de cualidades positivas de su yerno o su nuera.
2. ¿Recuerda algún comentario jocoso que haya oído acerca de las suegras? ¿Cómo se relaciona con su propia manera de ser?
3. Mencione ante su familia la necesidad de tener más cariño con la suegra, en vez de rebajarla de lugar o de valor.
4. Escriba una carta de apreciación a su yerno o su nuera, mencionando las cualidades positivas de su lista. A veces surgen cualidades que no habíamos notado anteriormente.
5. Busque un momento cada día para orar por estas personas en especial.

CAPÍTULO DOCE

EPOCAS CRITICAS

"Señor, tú nos has sido refugio de generación en generación."

(Salmos 90:1)

En la pared de nuestro dormitorio tenemos la ampliación de una fotografía que se sacó hace treinta y cuatro años. Una pareja de jóvenes que se miran frente a frente, alegres y contentos... El día de nuestra boda. Treinta y cuatro años, y todavía estamos aprendiendo cosas nuevas todos los días.

A pesar de haber logrado cierta experiencia a través de más de tres décadas, y de haber enseñado a otras personas en seminarios conducidos en diferentes países, Betty Jane y yo nos inscribimos el año pasado con otras veinte parejas, como alumnos en una semana de "encuentro" sobre el matrimonio. Fue una experiencia sumamente valiosa, que nos sirvió para conocernos en nuevas dimensiones.

Como mencionamos anteriormente en estas páginas, el matrimonio no es una ciencia exacta, con reglas que puedan categorizarse dentro de un sistema que dé resultados pronosticables. Es más bien un arte, en el que los artistas se perfeccionan mediante la experiencia. ¡Es toda una aventura!

160 Familia, fe y felicidad

El matrimonio es un proceso que dura "hasta que la muerte nos separe". Tiene que seguir en pleno desarrollo; requiere estudio, persistencia y dedicación. Cada etapa trae sus desafíos y oportunidades para el crecimiento de ambos, y también sus sorpresas y sus momentos peligrosos.

En esta figura vemos algunas de las épocas especialmente críticas que se presentan a través de cincuenta años de matrimonio.

LA PAREJA SOLA

Pasó el momento de la boda, la ropa elegante, las flores, la fiesta, los regalos... y entramos en la primera etapa de nuestro dibujo. Es la de los novios recién casados cuando se encuentran solos. Este período dura hasta el nacimiento del primer hijo.

¿Por qué considerarlo como "época crítica"? Porque aquí es donde el matrimonio se hace, o se deshace. Se presentan los primeros conflictos de la vida conyugal. Es una época de orientación, de reajustes, de conocerse en verdad y de acomodarse sexualmente.

¿Cuánto tiempo dura este período del matrimonio? ¿Cuánto tiempo debe durar? Es difícil señalar los meses o años pero, si pensamos en lo ideal, debía durar por lo menos algunos meses, antes de tener que enfrentar los problemas del primer embarazo. Hay quienes opinan que una duración de dos años es beneficiosa. Es difícil conocerse como personas completas, con las capacidades, temperamentos y gustos que cada uno tiene, si la esposa se encuentra encinta demasiado pronto.

Esta es la época de "hacer nido". Es necesario permitirse algún tiempo de tranquilidad para asentar las bases y tomar los acuerdos para la vida; para construir hogar. Para saber compartir esa vida y solucionar los problemas "normales" del matrimonio sin tener que luchar en seguida con las náuseas matutinas y los malestares provocados por el embarazo. Por supuesto, para tomar cualquier decisión sobre la duración de este primer período, los dos deben estar *de completo acuerdo* y colaborar entre sí.

Como mencionamos en el primer capítulo de este estudio, uno de los consejos más importantes para lograr la felicidad en el hogar recién formado se encuentra en Génesis 2:24, donde Dios mismo dice: "Dejará el hombre a su padre y a su madre, y se unirá a su mujer." Es en los primeros meses del matrimonio cuando hay que aprender a orar juntos para pedir la dirección de Dios. Además, en estos meses se tienen que establecer unas relaciones correctas con los suegros. En el caso de radicarse no muy lejos de los suegros, tendrán la oportunidad de compartir los días especiales. Cuidando siempre de no hacer favoritismos entre los suegros de una familia y los de la otra. La pareja debe enfrentar la vida por su propia cuenta. El "cordón umbilical" tiene que quedar cortado para siempre.

En esta época es cuando se pone a prueba la seriedad del compromiso que se hizo ante Dios y los testigos. Con el alarmante crecimiento del divorcio y las separaciones, y esto a veces después de muy pocos días de matrimonio, debemos saber que en esta primera etapa de la vida conyugal se tiene que hacer frente a las opciones del matrimonio. Muchos jóvenes, al verse hundidos en problemas inesperados, se ponen a preguntar: "¿Nos separamos, o no nos separamos?" La respuesta es que NO!

Los problemas tienen su solución mediante la oración y la paciencia; no soluciona nada escapar del conflicto. El matrimonio es para toda la vida, y las intranquilidades momentáneas se verán como insignificancias un poco más allá en la vida... si es que nos mantenemos tranquilos y firmes en la entrega que nos prometimos ante el altar.

Uno de los textos bíblicos que más bien nos han hecho en nuestro matrimonio, se encuentra en Efesios 4:26:

"Airaos, pero no pequéis, no se ponga el sol sobre vuestro enojo." Quiere decir: humilláos, pedid perdón, buscad una solución pronta para vuestros malentendidos, nunca os acostéis enojados. Hay un refrán que dice: "El matrimonio es la única guerra donde los enemigos duermen juntos." No sé de dónde salió eso, y aunque nos cause risa, no tiene base ni parte en la Palabra de Dios. El Señor nos enseña a vivir en amor, y si durante el día se nos presentan sinsabores, debemos arreglarlos antes de la noche. De esta manera, aprenderemos lecciones de incalculable valor durante esta primera época de la vida matrimonial; lecciones que nos durarían para toda la vida.

EL NACIMIENTO DEL PRIMER HIJO

Con el nacimiento del primer bebé, los esposos se hacen padres. Es un cambio brusco y los reajustes que se demandan hacen que la pareja pase por momentos críticos.

Epocas críticas 163

En primer lugar, se tienen que compartir el amor y la vida con una persona más. Mientras esa criaturita estaba protegida y escondida dentro del cuerpo de la madre, se hacía sentir, pero ahora está a plena vista. Los esposos ya no están sólos. Hay una tercera persona en la casa, y esa persona demanda mucha atención. El trabajo dentro del hogar aumenta sorprendentemente... ¡y el horario es continuo, día y noche!

Para pasar con felicidad esta época crítica, tenemos que darnos cuenta de que el amor no tiene límites. Si los esposos se aman antes del nacimiento del hijo, amarlo a él no disminuye el amor conyugal. Ese amor simplemente se estira y toma otra dimensión. Se incluye deliciosamente a una nueva parte de nosotros mismos dentro del círculo del amor. Cuando nació Mona Rae, me acuerdo cómo ardía mi corazón de amor al verla en los brazos de mi esposa. No había visto nunca tan hermosa a Betty Jane como en ese momento. Lo mismo sentí cuando nacieron Rocky y Raquel.

La esposa-madre es la que sufre más en este período crítico. Después de pasar el trauma del parto, muchas veces vienen momentos de depresión sicológica. La mujer se enfrenta con dudas acerca de su femineidad y pulcritud. Ya no tiene ninguna libertad personal; de aquí en adelante tendrá que cuidar niños, y... ¿por cuántos años?

Es en esos momentos cuando ella necesita mucho del refuerzo y la comprensión de su esposo. Necesita alguien en quién apoyarse, y la fortaleza espiritual que le brinda el esposo en estos momentos es de incalculable importancia. A veces la mujer siente una depresión tan marcada, que le vienen ideas suicidas. No son pocas las madres que se han quitado la vida en los días difíciles del postparto.

164 Familia, fe y felicidad

Tenemos conocimiento del caso de una madre joven que durante sus estudios de secundaria era compañera de curso de Betty Jane. Aparentemente sin ninguna otra razón más que esa depresión repentina, se levantó de noche mientras su esposo dormía, tomó a su bebito varón en sus brazos, lo llevó consigo al automóvil y se despeñó a alta velocidad por un alto precipicio. A la mañana siguiente los encontraron a ambos muertos.

La presencia física del esposo se hace muy necesaria en los días posteriores al parto, especialmente en el caso del primer hijo. Hay hombres que sienten celos por la intrusión de esa nueva vida, pensando que les quitará parte del cariño de su esposa. Hasta hay quienes buscan comprensión entre sus amigos de antes, tanto varones como mujeres. Que Dios los perdone. Es una irresponsabilidad.

Es muy posible que el esposo-padre tenga que admitir cierta modificación en cuanto a sus papeles dentro del hogar. Si se brinda para ayudar a su esposa durante estos momentos críticos, demostrará su interés en una paternidad compartida, y de esta manera, en lugar de poner distancias entre esposos, esta época puede convertirse en un tiempo de consolidación para la pareja.

EL DESARROLLO DE LOS HIJOS

Como en el sector anterior del gráfico, hay mucha variación en cuanto al tamaño de la "tajada de torta" en este período. Todo depende de cuántos hijos haya en el hogar. Este sector representa los momentos críticos que pueden presentarse después de nacer el último hijo, durante el crecimiento de los hijos y hasta que el primero se case. Si la familia es de pocos hijos, esta época durará entre diez y quince años. A veces, cuando los esposos piensan que ya nació el último hijo, y éste tiene ya diez o doce años, ¡de sorpresa nace otro "Benjamín"! Se complican las cosas un poco, hay que modificar los planes, pero al final muchos de los que han experimentado esto dan testimonio de la bendición que ha sido este pequeño para mantener "jóvenes" a los padres durante sus años otoñales.

Las crisis que se presentan en estos años tienen que ver con la educación y disciplina de los hijos. Estos temas ya se han tratado en otros lugares de la presente obra, y hay libros enteros sobre la educación de los hijos.

EL MATRIMONIO Y LA PARTIDA DE LOS HIJOS

Lo más traumático de esta época es el matrimonio del primer hijo, porque todos están pasando por experiencias completamente nuevas. El desprendimiento duele. Nuevamente deben enfrentarse con Génesis 2:24, porque dejar padre y madre es el precio que hay que pagar para formar el nuevo hogar. Lo extraño es que los años han volado y ahora son suegros aquellos que hace tan poco, o por los menos así parece, estaban formando su propio hogar. Ahora, como suegros, tienen que dejar libres a los recién casados para que preparen su propio nido.

¿Y qué del mismo día de la boda? Se han enviado las invitaciones, pero hay incognitas. ¿Cuántos vendrán a la boda? ¿Para cuántos se debe preparar la fiesta o la recepción? Llega la hora anunciada: está el pastor, está el novio, pero... ¿llegará la novia? Me acuerdo de un casamiento que por poco fracasa por ausencia de la novia. Como pastor, yo estaba ya en mi lugar, esperando, al igual que todo aquel grupo de gente vestida con elegancia. Allí estaban todos, menos la novia. Pasó más de una hora, y al fin mientras Betty Jane seguía en el piano con la música, subí a mi camioneta para ir a su casa a buscarla. Allí, en su casa, juntamente con su madre, estaba la novia, llorando. Los nervios la habían vencido, pero con una oración ferviente, cobró ánimo, subimos al vehículo, y el matrimonio se concluyó con muchas felicitaciones para todos.

Cada vez que se casa un hijo, se establecen nuevas relaciones entre tres familias: la pareja nueva, los padres de él y los padres de ella. Las relaciones entre yernos, nueras, suegros y suegras son algo muy delicado. Sólo la gracia de Dios nos puede librar de los peligros de esta etapa, porque además de los exagerados gastos de la boda, hace falta mantener el equilibrio en todas esas relaciones humanas.

Ciertamente, cada etapa del desarrollo de una familia presenta sus satisfacciones y sus momentos de crisis. Además de las épocas ya mencionadas, hay otros momentos que merecen también nuestra atención antes de finalizar el círculo de los cincuenta años de matrimonio.

ENFERMEDAD

Con los votos de la ceremonia nupcial, ambos se prometen fidelidad "en enfermedad y en salud, en prosperidad y en sufrimiento... en todo lo que la vida da... y lo que quita..." Con cada enfermedad vienen momentos críticos que pueden servir para unir o para poner distancia en las relaciones conyugales.

La menstruación para algunas mujeres es un problema mensual, que demanda comprensión y ternura de parte de su esposo. Sobre todo, comprensión. No todas las mujeres son iguales en cuanto al sufrimiento que pasan durante los embarazos y partos. Sea como fuere, en todo caso el esposo debe cultivar una sensibilidad especial para apoyar a su esposa y aliviar hasta donde pueda sus problemas físicos.

Es muy posible que se tenga que practicar la continencia durante los períodos de enfermedad, tanto las ya mencionadas como otras enfermedades especiales. Jamás olvidaré el testimonio de una señora que le habló a Betty Jane acerca de su primer embarazo. Fue tan dificultoso, que durante los nueve meses no pudo tener relaciones íntimas con su esposo. Contaba lo maravillosamente tierno que fue su esposo durante aquellos meses, tratándola con mucho cariño a pesar de tener que privarse de la parte sexual del matrimonio.

Por otro lado, he sabido de hombres que dicen: "Tengo mis necesidades que me obligan...", y hacen uso de su esposa como si fuera propiedad absoluta. Así ella se amarga porque su esposo la ha usado, casi abusado de ella, y se siente completamente defraudada, vacía y solitaria.

En nuestro matrimonio hemos tenido que practicar períodos de continencia por intervenciones quirúrgicas que mi esposa ha sufrido. La abstención no me ha hecho ningún daño físico y recuerdo con gran satisfacción la intimidad emocional y espiritual que las semanas de convalecencia produjeron en nuestras relaciones como esposos. El estar cerca, tocar la mano o hacer caricias, refuerza más aún la unión física durante esas épocas. La continencia deja de ser sacrificio, si en verdad hay amor. En Efesios 5:28 leemos: "Así también los maridos deben amar a sus mujeres como a sus mismos cuerpos. El que ama a su mujer, a sí mismo se ama."

MENOPAUSIA Y CLIMATERIO

Entre los cuarenta y cincuenta años se presentan, tanto para la mujer como para el hombre, trastornos físicos y sicológicos que hacen correr nuevos peligros a la familia. Algunos llaman a este período "el cambio de vida", porque el cuerpo atraviesa grandes cambios, especialmente el femenino en la proporción de hormonas durante la menopausia y después de ella. Debemos comprender que los problemas nerviosos y emocionales de la mujer tienen sus raíces en los cambios corporales. Durante esta época crítica, la esposa necesita mucha comprensión y paciencia de parte de su esposo.

Algunos hombres se ríen cuando se menciona que también el sexo masculino pasa por cambios críticos a los cuarenta y tantos años. El problema es parcialmente físico, pero es de mayor importancia la parte sicológica. El hombre siente declinar su fuerza física. El cabello se le cae y se da a períodos de introspección que lo dejan desilusionado. Puede que sienta no haber alcanzado sus ideales. No se siente realizado del todo. Algunos cambian de vocación en forma brusca. Anhelan nuevas experiencias, y por desgracia, muchos buscan relaciones extramatrimoniales. Quieren sentirse jóvenes y viriles, y como ven que su esposa está declinando en hermosura y forma física, se creen capaces todavía de conquistar a una mujer joven. Cometen muchas locuras y finalmente se encuentran enredados en situaciones de consecuencias gravísimas. Algunos entran en períodos de depresión y buscan ayuda en el alcohol. Muchos matrimonios, aun de pastores, se han desintegrado durante estos años críticos.

¿Qué debe hacer el hombre durante este período de "crisis" en su vida? En primer lugar, debemos

Epocas críticas 169

reconocer que la mente y el espíritu son los que deben dominar al cuerpo. La solución está en mantener pura la mente. El rey David cayó en desgracia durante esta época de su vida, y después de su triste experiencia con Betsabé, clamó a Dios de esta manera:

"He aquí, tú amas la verdad en lo íntimo...
Purifícame con hisopo, y seré limpio;
Lávame, y seré más blanco que la nieve...
Crea en mí, oh Dios, un corazón limpio,
Y renueva un espíritu recto dentro de mí."
Salmo 51:6-10

"Examíname, oh Dios, y conoce mi corazón;
Pruébame y conoce mis pensamientos;
Y ve si hay en mí camino de perversidad,
Y guíame en el camino eterno."
Salmo 139:23, 24

La respuesta está en clamar a Dios con toda sinceridad, reconociendo nuestra debilidad humana. Pablo le escribió este mandato a Timoteo:

"Consérvate puro." 1 Timoteo 5:22
También escribió:
"Golpeo mi cuerpo, y lo pongo en servidumbre." 1 Corintios 9:27
Y: "Llevando cautivo todo pensamiento a la obediencia de Cristo."

2 Corintios 10:5

La promesa de Filipenses 4:7 es de gran ayuda para esta turbulenta época:

"Y la paz de Dios, que sobrepasa todo entendimiento, guardará vuestros corazones y vuestros pensamientos en Cristo Jesús."

170 Familia, fe y felicidad

Bendita tranquilidad que sólo da Jesús. En 1 Corintios 10:13 hay una promesa que nos ayudará en cualquier momento difícil:

> "No os ha sobrevenido ninguna tentación que no sea humana; pero fiel es Dios, que no os dejará ser tentados más de lo que podéis resistir, sino que dará también juntamente con la tentación la salida, para que podáis soportar."

También en este período tenemos que revalidar constantemente nuestra fidelidad y lealtad a los votos matrimoniales, aun repitiéndolos verbalmente de vez en cuando. Si esa mujer con quien hemos compartido los goces y sinsabores de la vida, ahora parece tener un cuerpo un tanto desproporcionado y caído, démonos cuenta de que gran parte de la culpa es nuestra, porque por sí sola, ella no ha producido los embarazos, con sus respectivos castigos físicos. Hay hombres que durante estos años se imaginan que todo lo deseable se halla fuera del matrimonio, y que dentro del matrimonio todo se ha vuelto estéril e insípido. Vea el dibujo:

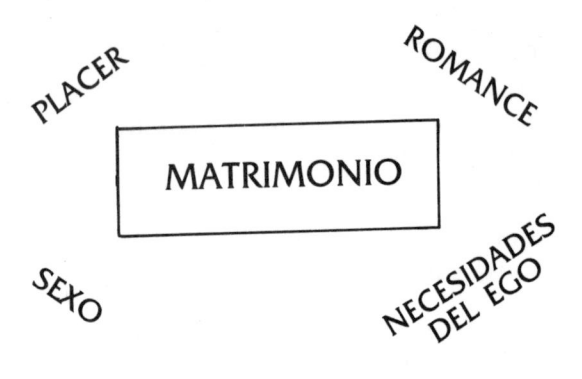

PLACER   ROMANCE

MATRIMONIO

SEXO   NECESIDADES DEL EGO

Epocas críticas 171

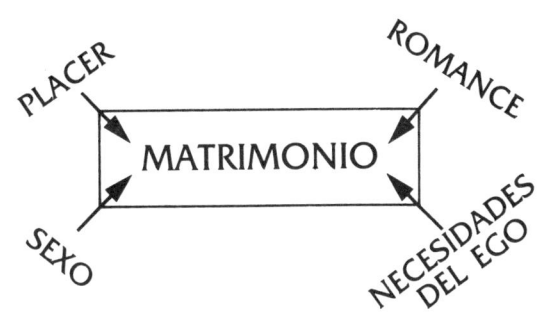

```
  PLACER            ROMANCE
      ↘            ↙
      ┌──────────────┐
      │  MATRIMONIO  │
      └──────────────┘
      ↗            ↖
   SEXO         NECESIDADES
                  DEL EGO
```

Déjeme decirle, mi hermano, que tenemos delante un desafío, y es simplemente éste: tenemos que solucionar el problema LLEVANDO TODO ESO DENTRO DEL MATRIMONIO:

A eso se llama *mantener el amor al día*. Hay dos exhortaciones bíblicas que parecen haber sido escritas especialmente para esta época de la vida matrimonial:

"Sea bendito tu manantial,
Y alégrate con la mujer de tu juventud.
Como cierva amada y graciosa gacela,
Sus caricias te satisfagan en todo tiempo,
Y en su amor recréate siempre."
(Proverbios 5:18, 19)

Esa "mujer de tu juventud" es nuestra legítima esposa. Veamos otro texto escrito en Malaquías 2:14, 15:

"Porque Jehová ha atestiguado entre ti y la mujer de tu juventud, contra la cual has sido desleal, siendo ella tu compañera, y la mujer de tu pacto.

> ¿No hizo él uno, habiendo en él abundancia de espíritu?
> ¿Y por qué uno? Porque buscaba una descendencia para Dios.
> Guardaos, pues, en vuestro espíritu, y no seáis desleales para con la mujer de vuestra juventud."

Si usted está atravesando estos años de cambios críticos, o si es un joven que los mira con cierto recelo, déjeme decirle que las mejores relaciones entre hombre y mujer pueden experimentarse después de esta época crítica. La mujer no tendrá más el temor constante al embarazo, y el hombre sentirá la gran satisfacción de haber conquistado nuevamente el amor y cariño de "la mujer de su juventud".

LA PAREJA SOLA

Sola, nuevamente, porque los hijos se han ido y la casa queda vacía. En el mundo moderno, esta etapa en la vida de una pareja se hace cada vez más larga, porque la gente vive más años y la pareja tiene menos hijos. Por ejemplo, en el caso de mis padres, como tenían doce hijos, pasaron cuarenta y cuatro años antes de que estuvieran solos de nuevo, desde el nacimiento de mi hermano mayor y la salida mía de la casa. Ya se encontraban en una edad muy avanzada. En nuestro caso personal, pasaron solamente veinticuatro años entre el nacimiento de mi primera hija, Mona Rae, y la salida de casa de la última, Raquel.

Esta es una época sumamente crítica, y merece un capítulo aparte. Creo que nadie lo haría mejor que Betty Jane, porque ella es la que más ha sentido las circunstancias especiales del "nido vacío" en nuestro hogar.

Epocas críticas 173

PARA LA VIDA PRACTICA

1. ¿Puede usted recordar algún problema que haya surgido durante su primera semana de vida matrimonial?
2. ¿Cómo lo solucionaron... o queda pendiente todavía?
3. ¿Cómo se sintieron durante el primer embarazo?
4. ¿Cuál ha sido la época más crítica para su familia?
5. Si naciera un hijo lisiado o anormal en su familia, ¿cómo lo aceptaría?
6. ¿De qué maneras tenemos que ser más flexibles en el caso de un hijo anormal?
7. Haga una lista: "Cosas que aprecio en mi compañero(a)"
   Trate de recordar problemas que hayan atravesado juntos, y en los cuales hayan prevalecido su amor y cariño.
   (Es posible que ambos esposos quieran compartir sus respectivas listas entre sí.)
8. Sostenga una conversación con su cónyuge acerca de las maneras de ayudarse mutuamente en los años del cambio.

Capítulo trece

EL NIDO VACIO

"Con sus plumas te cubrirá, y debajo de sus alas estarás seguro."
(Salmos 91:4)

Me gusta leer las cartas de los lectores que las revistas publican en una sección especial. Una de estas cartas, muy triste, era de una madre que le escribía a su hija. Esta se había marchado para unirse a los guerrilleros en la Argentina. Escribía la madre:

"Querida hija:

Me acuerdo de los días en que comenzabas a gatear, cuando diste tus primeros pasos, y cuando te enseñé a vestirte. No sabes cuán vacía está la casa. Vuelve al hogar; te queremos, te esperamos. He lavado a tu patito Buti, y te espera sobre tu cama. Ven, te lo imploro.

Tu madre que te quiere mucho."

Me impactó el corazón pensar que a veces el nido del hogar queda vacío porque los hijos deciden marcharse con los drogadictos, o con los revolucionarios. Suficientemente difícil es ver a los hijos salir uno tras otro para continuar sus estudios lejos del hogar, y luego casarse. Son momentos críticos a los que toda familia se tiene que enfrentar.

Lo importante es prepararnos, porque vendrá el día en que el nido se quede vacío.

HASTA LUEGO

Raquelita estaba escogiendo su ropa para salir de nuestro hogar en Buenos Aires, después de recibirse de bachiller. Había llegado el momento de seguir su preparación en el exterior. Su dormitorio estaba todo revuelto con libros, fotos, cuadritos y ropa, y ella sentada en medio de todo, escogiendo y empacando.

Al mirarla, recordaba los tres años hermosos que habíamos pasado con nuestra última hija en casa. Fueron años en los que mi esposo tuvo que ausentarse mucho para enseñar en otros países. Raquel me servía de ojos en el tráfico de Buenos Aires; era mi compañera cuando iba a ministrar y cantar en los retiros de jóvenes y las conferencias de mujeres. Juntas, habíamos hecho una nueva vida. Era mis oídos en la noche, mi ayudante cuando había muchas visitas, mis pies cuando yo estaba enferma. Traté de mostrarme fuerte mientras la ayudaba a hacer sus preparativos y escoger todo lo que iba a llevar consigo.

Dos jóvenes amigos nos acompañaron al aeropuerto, puesto que mi esposo estaba fuera del país, en uno de sus muchos viajes. En el aeropuerto, estaba ocupada llenando las planillas de inmigración, y presentando el boleto para escoger el asiento, cuando Mario me preguntó: —¿Como se siente?

Le respondí: —Como para no hablar.

Yo sabía que él esperaba unas palabras profundas, como: "Dios cuidará de nosotros; El es nuestra fortaleza." Sí, en mi corazón lo sabía. Lo había enseñado. Pero el momento era demasiado sagrado para hablar a la ligera. El momento no era para hablar; más bien era un momento para sentir.

A Raquel siempre le habíamos dicho: "Tú puedes hacerlo; tú puedes hacerlo. Dios te va a ayudar." Durante su penúltimo año de secundaria, contrajo hepatitis y tuvo que ausentarse de sus clases por cinco semanas... Quedó muy debilitada por la enfermedad. Lloraba al volver a sus clases, pero poco a poco terminó todos sus exámenes y tareas. Se graduó en primer lugar en su clase, y dio el discurso como representante de su promoción.

Su consejero nos había dicho: —Raquel puede escribir su propio boleto para el futuro. Puede escoger la universidad que más le convenga. —Decidió ingresar en el Instituto Bíblico donde estaban sus hermanos, que quedaba como a veinte mil kilómetros de Buenos Aires.

Otra vez el joven amigo argentino me dijo:
—¿Cómo se siente?
—¡Como para no hablar! —le repetí.

Me pareció muy larga la hora de regreso del aeropuerto. Pasó lentamente; no podía charlar y me sentí aliviada cuando dejé a los dos jóvenes al pasar por la iglesia. Al llegar a la casa, tuve que cerrar todos los candados sola. La blanca camita parecía tan vacía, y los estantes estaban sin libros. Todo silencioso y vacío. Y pensé en Raquelita, que ya estaba volando en el avión.

Sin embargo, no habría querido disponer las cosas de ninguna otra manera. Razonaba conmigo misma que es la voluntad de Dios que los hijos se desprendan del hogar para madurar. Yo bien sabía que sólo un hijo lisiado tiene que quedarse en casa.

Había llegado el momento de conversar con Dios. Oré pidiéndole su amparo y ayuda para Raquelita en su nueva vida. Oré por mi esposo, tan lejos de casa, sintiendo la soledad de todos. Oré por mí misma: "Señor, llena mi vida y mis pensamientos con tu presencia. Dame descanso de espíritu." Se hizo un nudo grande en mi garganta, y otro en mi corazón.

NUESTRA AYUDA Y FORTALEZA

Quisiera presentar algunos textos bíblicos que Dios me dio para llenar mi alma y vida durante los primeros días en que el nido estuvo vacío.

1. Salmo 34:15-22: "Los ojos de Jehová están sobre los justos y sus oídos atentos al clamor de ellos". El está cerca de los quebrantados de corazón para ayudarlos.
2. Salmo 32:7: "Tú eres mi refugio; me guardarás de la angustia; con cánticos de liberación me rodearás."
3. Salmo 40:1-5: Dios nos oye, y pone una canción nueva en nuestro corazón.
4. Salmo 37:23: Dios es quien ordena los pasos de nuestros pies.
5. Salmo 46:1: "Dios es nuestro amparo y fortaleza, nuestro pronto auxilio en las tribulaciones."
6. Salmo 91: Dios está con nosotros, y debajo de sus alas estaremos seguros.
7. Salmo 76:6: "Me acordaba de mis cánticos de noche; meditaba en mi corazón, y mi espíritu inquiría."
8. Deuteronomio 33:27: "El eterno Dios es nuestro refugio."
9. Jeremías 31:3: Nos ama con amor eterno, y nos muestra su misericordia.
10. Salmo 30:5: En la noche hay lágrimas, pero de Dios viene la alegría por la mañana.

La Palabra de Dios está llena de promesas en las que vemos que El estará con nosotros cuando nos sintamos solos. Nuestros hijos necesitan nuestras oraciones y respaldo y nunca debemos echarles la culpa de habernos abandonado. Cuando sentimos lástima por nosotros mismos, podemos provocar efectos muy negativos en nuestros hijos. No debemos permitirnos la actitud de "pobre de mí, que estoy sola". Más bien debemos ocuparnos en escribirles cartas a los hijos, orar por ellos, y hacerles sentir que estamos apoyándolos con decisión y valentía.

Hemos tenido amigos que durante años han comentado: "Los hijos se nos van. Vamos a estar sólos en la casa; pobres de nosotros." Siempre les he recordado que es preferible respaldar con gozo a los hijos, que verlos quedarse en casa, acomplejados o inválidos. Todo gira alrededor de la actitud de los padres.

RETOS NUEVOS

En este momento más que nunca es importante que se mantenga abierta la comunicación entre los esposos. A veces se cumple el refrán: "Se hicieron esclavos de los hijos, y extraños entre sí." Un hombre le dijo a su esposa: "Nos alejamos, porque tú te quedaste estancada y no creciste conmigo." Puede llegar a ser cierto que la vida de una mujer esté entregada totalmente a sus hijos, las necesidades, las hazañas y los amigos de ellos. Entonces, de repente, cuando el nido queda vacío, la mujer siente que ya no tiene razón alguna de existir; se siente inútil. En cambio, el esposo todavía tiene su trabajo, sus amigos, su ministerio y sus actividades fuera del hogar. Para evitar este problema, es bueno que ambos empiecen a hacer cosas juntos antes de que se marchen los hijos, y no dejen que ellos monopolicen todos sus momentos y pensamientos. Es necesario planificar momentos en que estén solos los esposos, y mantener el concepto de pareja, aun durante el crecimiento de los hijos.

¿DE QUE CONVERSAR?

Vi entrar a aquella pareja en el restaurante. Se sentaron frente a frente en una mesa pequeña. Miraron la carta y pidieron la comida. Ella miraba por la ventana, mientras él leía un periódico. Esperaron la comida con la cara larga. Comieron en silencio. No se miraron la cara durante toda la hora que pasaron juntos allí. Me pareció que aquel matrimonio había muerto hacía mucho tiempo. Lo triste es que este cuadro se repita muchas veces entre las parejas. ¿Cómo corregir la escena? ¿Cómo aprender a compartir?

Una señora me dijo que su esposo la trató como a un rehén. El tomaba todas las decisiones, hacía todas las compras, y no le permitía salir de la casa. Después me preguntó: — ¿Como voy a soportar esto? — Francamente, era algo nuevo para mí, pero el Señor es el mismo siempre y puede ayudarnos en todos los problemas. El quiere enseñarnos algo por medio de la soledad.

SOLO O SOLITARIO

Hay una diferencia entre estar solo y sentirse solitario. Podemos sentir soledad, aun en medio de la muchedumbre, cuando nos sentimos vacíos. Todos la sentimos de vez en cuando. En cambio, cuando estemos más solos, podremos sentirnos llenos y satisfechos, si mantenemos una actitud de fe y paz. De nosotros depende que le permitamos a la soledad que nos invada el corazón y la mente. Una casa vacía no es una cárcel, a menos que permitamos esa esclavitud.

Como mi esposo viaja para enseñar en los

El nido vacío 181

veinticuatro países de la America Latina, yo me quedo sola muchos meses cada año. El año pasado estuvo ausente durante doscientos dieciocho días. Muchos me preguntan cómo puedo soportar la soledad. Ciertamente, yo podría ser la mujer más acomplejada y fea del mundo. Bastaría con permitir que la amargura me invadiera el corazón. En cambio, he decidido seguir activa en un nuevo ministerio que el Señor me da, y mantener mi vida llena de paz, y con buenos pensamientos.

Hubo un año en que estuvimos esparcidos por muchas partes. Mona Rae y Miguel, de misioneros en España; Rocky y Sherry, misioneros en la Argentina, dirigiendo el Instituto Bíblico; Raquel y Esteban, pastoreando una iglesia en Minnesota, en los Estados Unidos; mi esposo, viajando por América Central y México. ¿Y yo? Tratando de hacerme presente en todos estos lugares mediante mis cartas y oraciones, pero sola en mi hogar.

Hay una canción que siempre canto en mi corazón cuando estoy sola:

Yo dije a Dios: "¡ayúdame! La noche obscura está."
El contestó: "¡Te ayudaré tus penas a llevar!"
Yo dije a Dios: "¡Acompáñame, mis pies me resbalarán!"
El contestó: "¡Nunca temerás, porque a tu lado estoy!
Riquezas no pedía, todo me proveyó.
El sol, la luna, estrellas mil, y ojos para mirar.

Gracias a Dios por todo doy,
Por toda tu bendición
Viniste a mí en mi necesidad, oíste mi oración,
Y a ti El vendrá si le invitaras
Con todo tu corazón.

La música puede llenar el vacío del corazón y despejar las tristezas.

¿QUE PUEDO HACER?

Al momento de escribir estas líneas, llevamos ya diez años de "nido vacío" en nuestro hogar. Quiero presentar de mi experiencia lo que me ha dado resultado para seguir con una vida activa y llena de satisfacción:

1. Encontrar a otra persona con una necesidad y hacerse amiga de ella. Visitarla para ayudarla y orar con ella. Puede ser una viuda que necesite una amiga, o un huérfano que no tenga hogar. A veces hemos invitado a nuestro hogar a personas que no tenían otro amigo, ni a dónde ir. Este es el ministerio de "ayuda" (1 Corintios 12:28).

2. Cultivar unas plantas especiales. Al ver brotar las hojas y los pimpollos de una nueva planta, cobramos nuevo ánimo. Una amiga mía sufría de depresión aguda. ¡Y con razón! Su esposo la había dejado para irse con una jovencita que tenía la mitad de su edad. Además, había entrado en la casa para llevarse muchas de sus cosas personales mientras ella estaba en un culto. Cuando ella volvió a casa, se encontró que se había llevado también muchas cosas valiosas que eran de ella. Se sentía deprimida, vacía y angustiada. Cuando le sugerí que sus plantas la podían fortalecer, me respondió: — No tengo ganas de trabajar en mi jardín, ni de limpiar mi hogar, ni de vivir.

Hay algo milagroso en el trabajo con la tierra. Se cansa el cuerpo, y uno se siente a tono con la naturaleza. Mis alumnos en el instituto bíblico siempre me decían bromeando que seguramente yo tenía muchas plantas, y efectivamente, es así. Me ayuda ver crecer los brotes nuevos y renovar el

El nido vacío 183

milagro de la esperanza; me inspira fe y confianza.

3. Escribir cartas. Hay muchos que están solos, esperando todos los días para ver un sobre en su buzón de correos. Usted puede escribirles. Así ministrará a otros que están más solitarios que usted. De esta manera se olvidará de su propia soledad.

4. Asistir a clases especiales para adultos. Puede que siempre haya querido tocar piano. Ahora dispone de tiempo para las clases y para practicar. ¿quién sabe? Puede llegar a tocar en los cultos. He visto en varias personas las maravillas que hace la música con ellas. Estudiar, practicar, y tal vez ayudar en el culto de los niños. La música es una terapia que suaviza los nervios y llena la soledad. Hoy se pueden conseguir buenos "cassettes" con melodías edificantes, para llenar el ambiente del hogar.

Tengo una amiga que tiene ochenta y nueve años. Cada año se inscribe en las clases que ofrece un canal de televisión de su ciudad. Además, se inscribió en unos cursos por correspondencia. Es hermoso ver cómo ha mantenido tan ágil la mente. Es cierto que, cuando usamos la mente, ésta se activa y no llegamos a la senilidad. Mi padre siguió estudiando y leyendo hasta el día en que tuvo una trombosis que le afectó la vista. Siempre tenía un chiste listo, algo de buen humor, y esto le mantenía el espíritu joven.

5. Ofrecer su ayuda como asistente para niños. Hay muchos maestros que están muy agotados porque no tienen ayuda. Trabajar y jugar con los niños nos mantiene ágiles y jóvenes, además de darnos muchos pequeños amigos que necesitan de nuestro cariño.

6. Invertir tiempo en la oración. Ahora que la casa está vacía, no hay tanta presión sobre las horas del

día. Pase su tiempo con el Señor, orando por los misioneros, los jóvenes, sus pastores, el concilio, las iglesias y los necesitados. Si hace una lista de oración puede orar cada día por un grupo determinado de necesidades.

Isaías 40:31 dice: "Los que esperan a Jehová tendrán nuevas fuerzas; levantarán alas como las águilas; correrán, y no se cansarán; caminarán y no se fatigarán."

Los momentos de oración nos rejuvenecen.

7. Ayudar en la iglesia. Los pastores siempre necesitan ayuda. Su colaboración será de bendición para la iglesia y abrirá en su propia vida nuevos canales de bendición.

TENAZ Y TIERNA

Esto parece un enigma: al mismo tiempo tenaz y tierna. Sin embargo, es así como tiene que ser una mujer. Cuando se enfrenta con los numerosos cambios de la vida, tiene que ser tenaz, para ser fuerte y resistente. No obstante, al mismo tiempo tiene que mantener una actitud suave y un corazón tierno.

Cuando el águila les enseña a sus polluelos a volar, los monta encima de la espalda y los lleva a gran altura. De repente, quita el cuerpo y el polluelo en su caída comienza a sentir el aire debajo de las alas. Si la madre ve que está confuso y amedrentado, se pone debajo nuevamente, para salvar al aprendiz.

Esta escena se repite varias veces, y luego lo lleva alto, muy alto. Esta vez, cuando lo deja solo, no acude a salvarlo. El tiene que abrir las alas y volar... y lo hace, para su propia sorpresa.

Así somos en el hogar. Llega un día en el cual los hijos tienen que abrir sus propias alas para volar.

¡Ojalá que nosotros los hayamos llevado alto, muy alto, con Dios. Así podremos decirles "¡A-Dios!"

Recuerdo el día en que empacamos las ropas, libros y papeles de Rocky y los llevamos a un pequeño cuarto en el Instituto Bíblico, porque mi esposo y yo volvíamos a la Argentina para continuar nuestro ministerio de enseñanza. El tenía solamente diecisiete años. Fue al aeropuerto a despedirnos. Llevaba una camisa amarilla. Lo vi de pie, diciéndonos "¡Adiós!" El se quedaba, y nosotros lo dejábamos. Me pareció muy pequeño, muy tierno y vulnerable. Yo me tragué el nudo de la garganta y lo abracé con valentía. Cuando entré en el avión, no miré atrás. Puse la cara pegada a la ventanilla y las lágrimas corrieron por mis mejillas. ¿Fácil? ¡No, no lo es, pero es necesario que pongamos a nuestros hijos en las manos de Dios!

El Señor me habló a través del texto de Hechos 20:24: "Pero de ninguna cosa hago caso, ni estimo preciosa mi vida para mí mismo, con tal que acabe mi carrera con gozo y el ministerio que recibí del Señor Jesús, para dar testimonio del evangelio de la gracia de Dios."

El cumplimiento del llamado de Dios nos da fuerzas para poner a nuestros hijos en sus manos.

LA OBRA DE NUESTRAS MANOS CONFIRMA

Pienso que cuando nosotros nos llenamos de fe para nuestros momentos de soledad durante los años del "nido vacío", Dios cumple a su vez la promesa del Salmo 90:16, 17:

"Aparezca en tus siervos tu obra, y tu gloria sobre sus hijos. Sea la luz de Jehová nuestro Dios sobre nosotros, y la obra de nuestras manos confirma obre nosotros; sí, la obra de nuestras manos confirma."

El lo tiene todo en sus manos, y confirmará todo aquello que es caro a nuestro corazón. Hay un hermoso himno que sigo cantando en mi corazón:

EL CUIDARA DE MI

¿Cómo podré estar triste? ¿cómo entre sombras ir?
¿Cómo sentirme solo, y en el dolor vivir,
Si Cristo es mi consuelo, mi amigo siempre fiel,
Si aun las aves tienen seguro asilo en El,
Si aun las aves tienen seguro asilo en El?

Feliz, cantando alegre, yo vivo siempre aquí;
Si El cuida de las aves, ¡cuidará también de mí!

PARA LA VIDA PRACTICA

1. Escríbale una carta a su esposo(a) mencionándole lo mucho que aprecia sus bondades y su ayuda.
2. ¿Conoce a alguien que viva solo? Busque tiempo para hacerle una visita y llevarle un libro, flores, una planta o algo de comer.
3. Pregúntele a su pastor si le puede ayudar en algo en la iglesia.
4. Haga una visita al hospital. ¿Cómo se siente al comparar la situación suya con la de otros menos afortunados?
5. Busque alguien con quien compartir este libro que está leyendo, *Familia, fe y felicidad*